Freddy Derwahl
Gottsucher

Freddy Derwahl

Gottsucher

Was Menschen im Kloster suchen und finden.

Quaerere Deum

*Sie suchen das Endgültige
hinter dem Vorläufigen.*

**Sucht den Herrn,
dann werdet ihr leben.**

Amos 5,4

Inhalt

Gottsucher

Zu Beginn eine persönliche Betrachtung.

Warum faszinieren uns die Menschen, die sich dazu entschließen, ihr Leben im Kloster zu verbringen, in ganz besonderer Weise? Was unterscheidet sie von uns, die wir – manchmal ohne es aussprechen zu können – unser ganzes Leben lang auf der Suche nach Gott sind? Wo liegen die Gemeinsamkeiten? Was können wir voneinander lernen?

Wo ist Gott zu finden?
Gibt es Orte, an denen wir ihm besonders nahe kommen,
ihn erleben können?

Ich bin mir sicher, dass Gott überall und zu jeder Zeit präsent ist. Und doch glaube ich, dass es oft die richtige Stunde, den richtigen Ort und vor allem ein offenes Ohr und ein wachsames Herz braucht, um ihn wirklich hören zu können. Unser Leben, unser Alltag, unser eigenes Sein steht uns selbst oft laut lärmend im Weg.

Dieses Buch nimmt Sie mit auf die Reise zu zwölf französischen Klöstern, besonderen Orten, an denen seit Jahrhunderten Gottsucher zusammenkommen. Orte voller Licht und Schatten. Heimat faszinierender Menschen, deren Geschichten ich für diesen Band zusammengetragen habe.

Ohne es zu wissen, hat mich dieses Buch ein Leben lang begleitet. Immer wieder kam die Inspiration. Krame ich in alten Kisten, finden sich Briefe und Tagebuchaufzeichnungen, die darüber berichten. Da ist eine heimliche, doch unverkennbare Lebensspur. Auch ein Lebensschmerz, so, wie man an eine erste, leidenschaftliche und unglückliche Liebe denkt. Dann nistet sich dieser

Schmerz tief im Herzen ein, nimmt mit der Zeit ab, kommt wieder und bleibt.

Als Kinder fuhren wir sonntags mit Vaters neuem VW in die Eifel und kamen so nach Mariawald, dem einzigen deutschen Trappistenkloster. Beim Auszug der Mönche nach der Vesper sah ich sie von ganz nahe. Hinter dem hohen Eisengitter glichen sie einer kampfbereiten Armee. Männer mit kahlen Schädeln und mit langen Bärten. Robuste Entschlossenheit, ein Hauch Fremdenlegion. Eine schweigende Gemeinschaft, verborgen hinter hohen Mauern.

Ich hatte in jenen Jahren in der Familie einige erschütternde Todesfälle erlebt, die auf die Lebenszuversicht eines Kindes dunkle Schatten warfen. Bei den Trappisten von Mariawald zu erfahren, dass sie nichts anderes wollten als „Gott allein", gab meinem Leben eine andere Perspektive. Das wollte ich auch – mich bei Gott geborgen wissen. Als meine Eltern spürten, dass mein Wunsch, sonntags die Abtei zu besuchen, einem ernsthaften Interesse entsprang, haben sie mir derartige Fantasien auszureden versucht und schließlich verboten. Es war die erste schwere Verletzung meines Lebens. Mir den Herzenswunsch aus der Seele reißen zu müssen, brannte wie eine Feuerprobe. Der Wunsch, in das Kloster der schweigenden Mönche einzutreten, geriet in eine Art Untergrund. Er unterlag einem strengen Verbot und wurde zugleich stärker. So tobte ein Kampf zwischen Hoffen und Bangen, der für einen Jugendlichen nur sehr schwer zu ertragen ist.

Auf der einen Seite das radikale Leben der Gottsucher, auf der anderen die Verlockungen der Welt mit all ihren Glücksverheißungen. Das sind existenzielle Konfrontationen. Sie mögen abnehmen und in Vergessenheit geraten, doch wird man sie nicht mehr los. Die entscheidende Frage ist, wie man damit umgeht. Das muss man erst lernen.

Meine Erfahrung war, dass die Gnade einer Berufung ihre Zeit hat, dass man sie verspielen, verpassen oder vergeuden kann. War sie echt, hat sie gebrannt, kann man sie jedoch nicht mehr vergessen. Ich hatte mir nicht zugetraut, meinen Eltern einen Trennungsschmerz zuzumuten. Nun musste ich ihn allein tragen. Selbst mitten im Leben als Journalist und mit Frauen ernsthaft liiert, blieb die unterdrückte Sehnsucht nach dem geistlichen Leben im Kloster. Hin und wieder ein Stich.

Ich hatte gute Freunde, die als Mönche oder Einsiedler lebten. Ich pilgerte zum Heiligen Berg Athos und in die koptischen Wüstenklöster Ägyptens. Bei den Trappisten in Aiguebelle, Genesee und Tibhirine klopfte ich an. In Umbrien zog ich zu den Kamaldulensern. In der Kartause von Sélignac litt ich wie ein Hund. Doch die Chance war dahin, es war zu spät. Es sollte nicht mein Leben sein.

Meine spätere Frau hat mir vollkommen selbstlos geholfen, diesen Zwiespalt zu überwinden. In ihren Briefen nach Algerien und in die USA entdeckte ich eine Freiheit, die alle Zwänge der Vergangenheit ablegte und sich für neue Wege öffnete. Das Kloster, das mich bis in die Träume verfolgte, war nicht mein Bestimmungsort. Doch sollte ich in diesem Spannungsfeld eine besondere Kraft finden, über diese Sehnsucht zu schreiben. Die Suche nach „Gott allein" blieb, doch fand sie in einer siebenköpfigen Familie und in hektischen Medien statt und nicht im Kreuzgang eines kontemplativen Klosters. Frère Roger Schutz hat mich in Taizé in dieser Orientierung bestärkt: Es gibt eine Form des verinnerlichten Mönchtums mitten in der Welt. Ohne die Jugendliebe zu verraten, weiter Gott suchen.

Frankreich spielte dabei eine wichtige Rolle. Die literarische Bewegung des „Renouveau catholique", der katholischen Erneuerung in dem ehemals christlichen Land, übte einen starken Einfluss aus.

Ich übersetzte Gedichte von Francis Jammes, steckte für die Lektüre von Léon Bloy Ohrfeigen ein, verschlang die Bücher von Paul Claudel, François Mauriac und Georges Bernanos. Der Existenzialist Albert Camus schrieb über das Mönchtum wie ein Prophet. Überall das Christentum als dunkle Flamme. Ergreifende Kartage in Taizé. Staunen vor den Chagall-Fenstern in der Kathedrale von Reims. Heinrich Böll ermutigte mich, weiterzuschreiben.

So entstand schon sehr früh der Wunsch einer französischen Klosterreise. Einer Suche nach den verborgenen Quellen einer spirituellen Landschaft. Die Einöde von Cîteaux, das Bergkloster La Verne, Solesmes, wo die Pariser Dichter im beginnenden 20. Jahrhundert neue Inspirationen fanden. Das alte Lérins vor der Mittelmeerküste. Suche nach Gottsuchern und Gottsucherinnen in der Einsamkeit. Worte finden für ein radikales Leben. In die Gesichter derer sehen, die ein solches Wagnis auf sich nehmen. Auf die Stille hören. Entdecken, dass Gottsuche nicht das Reservat von Erwählten ist, sondern eine tagtägliche Chance für uns alle. Nähe des Mysteriums und des Heiligen in einer tobenden Welt der Gottvergessenheit.

Älter werdend hielt ich diesen Plan zunehmend für verrückt, doch waren die Verantwortlichen im adeo Verlag anderer Meinung. So wurde ein wunderbares Projekt ermöglicht. Die kontaktierten Mönche und Schwestern staunten und lächelten. Sie waren überall sensible Gastgeber, Männer und Frauen guten Rates. Neben all dem Schönen und Außergewöhnlichen war das vielleicht die stärkste Erfahrung: der Tiefgang dieser Menschen, von der Welt getrennt und doch allen nahe. Gottsucher voller Leidenschaft und Demut.

Freddy Derwahl

Kapitel 1

Aschermittwoch in Sénanque

Hinter Lyon endlich die Sonne. Nach langen Nebelstunden auf nördlichen Autobahnen bricht sie hervor wie eine nicht mehr für möglich gehaltene Erscheinung. Strahlend über die Ausläufer des Zentralmassivs, auf denen die Ruinen mächtiger Burgen stehen. Es ist wie eine Reise in eine märchenhafte Vergangenheit. Vielleicht ist es aber auch Sehnsucht nach Licht, die heftig lockt, weiter und tiefer zu dringen in jenes Land, wo Wein und Öl fließen und unter dem Sternenhimmel einst die Troubadoure sangen.

Das Licht. Zwischen Valence und Orange beginnt es zu spielen, zu zittern, zu betören. Eine leichte Vibration unter dem etwas dunkleren Blau der Pinien. Zedern und Zypressen stehen einsam in der Landschaft. Lust, einfach anzuhalten, den leichten lauen Wind zu spüren, der durch die Zweige geht. Die Gewissheit, jetzt für drei Wochen in diesen Zauber einzutreten, ihn Tag und Nacht ein- und auszuatmen. Meine Bestimmung ist kein Traum mehr, den ich seit meiner Jugend durch die Jahrzehnte bewahrt habe: eine Klosterreise durch Frankreich. Insel- und Schneeklöster, Abteien am Kap der ersten Herbststürme oder versteckt in tiefen Wäldern. Schweigende Mönche und verschleierte Nonnen. Novizen und steinalte Väter hinter Mauern und Klausuren. Jenseits vermeintlicher Romantik asketische Regelstrenge, nur die Namen bergen eine Spur Poesie: La Verne, La Pierre-qui-vire, La Grande Trappe. Die Reise wird mich weit über Landstraßen führen, in alle Himmelsrichtungen durch das alte Frankreich. Vorbei an Küsten und über Berge. La douce France. Das Abenteuer hat schon begonnen.

15

Monsieur Aymar spricht im Akzent des Midi, der den „vent" als „vang" betont, es klingt sehr autonom und munter. Die Sonne hat hier der Phonetik die Sprache vertont. Die Grundmelodie nichts als Lebensfreude. Der Alte ist Weinbauer und serviert auf seinem Hof den Arbeitern für acht Euro ein Tagesmenü. Heute provenzalischer Eintopf, Würste und Speck mit Bohnen, Tomaten und Knoblauch, dazu frisches Stangenbrot. Ungefragt stellt mir der Chef ein Viertel Landwein auf den Tisch und grinst – es sei gut für die Gesundheit. Wie recht er hat!

Das Licht. Wenn man sich Avignon nähert, verklärt es das Exil der Päpste und flirrt unter den Platanen, deren Knospen die ersten Sprünge wagen. Der Palast hat Festungscharakter, die Front eine Mischung aus Macht und Defensive, hinter ihren kühnen Mauern zählten die Prälaten die Goldmünzen. Das Schlafzimmer Seiner Heiligkeit ist ein mächtiger Kubus, in dem zugleich drei dienstbereite Mönche übernachteten. Streicht die Abendsonne über die Steinquader, kehrt die alte Zeit zurück. Schwere Glockenschläge, wie Warnungen vor den Versuchungen der Welt. Hinter den verschlossenen Toren huschen Wachen über die Gänge. Auf den ausgebeulten Treppen sitzt noch ein Liebespaar. Er spielt mit ihren blonden Strähnen, sie streichelt seine Jeans. Die unheiligen Päpste drehen sich im Grab herum.

Kleine Ereignisse kehren manchmal zurück. Ein Espresso im „Café de l'Opéra", draußen auf dem Platz lässige Jugend, die Leichtigkeit des Seins. Gegenüber am Tisch nimmt ein junger Mann Platz, er hat soeben das zweibändige Werk Petrarcas gekauft. Er bestellt einen grünen Tee und blättert in den Büchern. Dabei fällt der Titel eines Sonetts auf: „Ich sehe ohne Augen und ohne Mund schreie ich". Die Kellner eilen in langen weißen Schürzen zwischen den Tischen, Gläser klimpern, Aznavour singt seiner Verehrten ein Chanson. Die lapidare Szene steckt voller Poesie.

Einige Tage später findet in der Zisterzienserabtei Sénanque der Eröffnungsvortrag zur ersten Fastenwoche statt. Bruder Jean am Rednerpult gleicht einem Wüstenvater. Groß und spindeldürr, mit breiten Händen ordnet er seine Notizen. Randlose Brille, langer grauer Bart, die bloßen Füße in Sandalen. Sein Thema: „Gefährten Christi". Es klingt spannend und kann alles bedeuten. Doch bald zitiert er einen Satz des hl. Augustinus, der an jenen Titel des Petrarca-Gedichtes erinnert: „Das, was du bist, schreit lauter als das, was du mir sagst". Der Poet hat seine Geliebte gemeint, der Kirchenlehrer aus Hippo seinen Herrn Jesus Christus.

Wir befinden uns endlich in der Provence, in deren Magie die Sinnlichkeit ihre Last verliert und seit Jahrtausenden das schlichte Schöne alles in den Schatten stellt. Der Maler Paul Cézanne schrieb über diese Landschaft: „Wer hier geboren wird, ist verloren. Nichts anderes gefällt einem mehr."

Wer nach Sénanque kommt, kann der Faszination nicht widerstehen. Zunächst Gordes, eines der bestklassierten Dörfer Frankreichs. Wie Nester kleben die Häuser an den Felsen. Rund um das Schloss sind holprige Gässchen. Noch hält sich der Touristenstrom in züchtigen Grenzen. Die Brasserie empfiehlt als Tagesmenü Perlhuhn in Weinsauce, im Café der Republikaner trinken die Männer Pastis. Wenn es Abend wird leuchten am Horizont glühendrot die Berge des Lubéron.

Die im Jahr 1148 gegründete Abtei Sénanque liegt nur wenige Kilometer entfernt, doch versteckt in einem engen Tal. Die Bergwand ragt so hoch auf, dass man fürchtet, sie könnte das Juwel unten zerschlagen. Das Foto des Klosters hinter dem berauschenden Lila der Lavendelfelder ist um die Welt gegangen. Kein Provence-Bildband, keine Ansichtskarte ohne diese Szene unverfälschter Schönheit. Sie bleibt immun gegen allen Kitsch. Hier ist ein Urbild des Zisterzienserklosters, reinste Baukunst, jeder Blick ein

Erlebnis. Man hält inne und kann sich nicht sattsehen. Die Abtei ist Nest und Festung, sie wendet den Ankommenden den Rücken zu, doch selten war Nichtbeachtung so grandios. Die Apsis schiebt sich diskret vor, hinter ihren Mauern geschieht das Wichtigste. Dann die Wellen grauer Steindächer, Harmonie von Höhen und Tiefen. Darüber blauer Himmel, Wald und karger Fels. Alles ist in die Einsamkeit hineinkomponiert. Wenn nicht Mönche, ließe sich in dieser Bergnische wohl keiner nieder.

Touristen werden durch Wege und Wälle erst einmal beruhigt. Es wird leiser, das Erstaunen größer. Es fällt besonders auf, wenn sich furiose junge Frauen plötzlich das Haar aus der Stirn streichen, aufblicken und besser als andere zu ahnen scheinen, was hier entstanden ist: Liebes-Architektur, die durch die Zeiten hält. Sie spricht zu denen, die es hören können: „Du oder keiner."

Die Kunst der Zisterzienser ist ein Abbild ihrer Reform aus dem 11. und 12. Jahrhundert. Während ringsum in den Klöstern die Strenge der Observanzen nachließ und sich im Mönchtum Trägheit ausbreitete, entstand in der Einöde von Cîteaux, rund 20 Kilometer südlich von Dijon, ein sogenanntes „Neues Kloster". Ihre Gründer Robert von Molesme, Alberich und Stephan Harding werden heute noch im Kirchenjahr als „die heiligen Äbte von Cîteaux" gefeiert. Der junge Bernhard aus dem benachbarten Fontaine-lès-Dijon, der zusammen mit Brüdern, Vettern und Freunden hier eintrat, ließ sich von diesem Stil strikter Einhaltung der Regel des hl. Benedikt begeistern: Fasten und Buße, harte körperliche Arbeit in Dornen und Disteln, lange Nachtwachen und Stundengebete.

Doch dieses asketische Leben zog die Jugend der damaligen Zeit an. Bald erfolgten erste Neugründungen, der geniale Bernhard wurde Abt von Clairvaux in der Champagne. Unter seinem Einfluss bildete sich fortan ein typisches Bild der Zisterzienserklöster.

Die Wahl des Ortes fiel auf abgelegenes, wasserreiches Land. Bisweilen gehörten Weinberge und Erzvorkommen dazu, die den Bestand der ständig größer werdenden Gemeinschaften sicherten.

Die Klosterbauten der Zisterzienser, deren Gebäude sich an den Vorgaben der Regula Benedicti orientierten, strahlten radikale Strenge aus. Zugleich waren sie von einer Schönheit, der es gelang, eine Harmonie zwischen der Welt unten und der Welt oben herzustellen. Doch geschah dies nicht im Überschwang der Ausgestaltung, sondern in einer Kunstform, wie sie etwa während der Reformation oder im 20. Jahrhundert neu entdeckt wurde: „Raum ist Sehnsucht", wie es der Baumeister Dominikus Böhm gesagt hat. Leer- und reingefegt von jedem überflüssigen und ablenkenden Ornament verwiesen Mauern und Säulen einzig auf das Wesentliche: die geheimnisvolle Präsenz Gottes. Die geballte Kraft des Kreuzes und, als einzige Konzession, das Bild Mariens. Nichts anderes als Konzentration auf das, was der Philosoph Martin Heidegger später als „das Eigentliche" gerühmt hat. Reinheit, die auf jeden Zusatz von Rührung oder Pathos verzichtet, und das Herz und den Geist frei macht. Eine frühe Form der „Arte povera". Stein und Wüste als Gotteszeichen. Vom hl. Bernhard wird berichtet, dass er nicht einmal zu sagen wusste, ob die Decke seiner Abteikirche flach oder gewölbt war …

Ein naheliegender Vergleich: Oben in Gordes blieb die kleine Pfarrkirche vom Bildersturm unberührt. Neben Jeanne d'Arc, der hl. Therese vom Kinde Jesu und dem wundertätigen Pfarrer von Ars hängen in den Seitenkapellen Gemälde des sterbenden hl. Josef und einer noch immer verlockenden Maria Magdalena. Langes blondes Haar, betonte Brüste. In der Totenkapelle schütten Engel Wasser auf die armen Seelen im Fegefeuer. Mauern und Gänge in Sénanque sind völlig anders, ein extremes Kontrastprogramm: Gott allein.

Erstmals im Kreuzgang von Sénanque. Herz des Klosters, Atrium, Innenhof. „Das wiedergefundene Paradies" der Genesis, „der verschlossene Garten" des Hohelieds, „das himmlische Jerusalem" der Geheimen Offenbarung. Zwischen den Beeten liegen noch Schneereste. Die holprigen Gänge im Halbdunkel, konkreter als in jeder ästhetischen Fotografie. Jeden Tag darf ich jetzt auf dem Weg zur Kapelle über diese Steine schreiten.

Das Quadrat als Symbol der Harmonie und des Ausgleichs. Nur eine Öffnung steigt himmelwärts. Zwölf große Bögen, 48 Arkadenbögen mit schlanken Säulen und Kapitellen mit schlichten Pflanzensymbolen. Zwölf, ob Stämme Israels, ob Stadttore oder Apostel: eine heilige Zahl. Das himmlische Jerusalem ist nahe.

Tausende Schritte sind hier zum Gebet geeilt. Aus der Nacht vergangener Zeiten schallen noch immer die Gesänge der Verstorbenen. Hier ist der selten schöne Versuch, die Schwerkraft der Steine zum Schwingen zu bringen.

Der Aschermittwoch ist ein guter Zeitpunkt, eine Klosterreise zu beginnen. Ähnlich wie draußen die Architektur, stellt die Liturgie die Vergänglich- und Vergeblichkeiten des Lebens klar. Die Messe findet in der Kapelle statt, die letzten Winternächte sind noch frostig. Nahezu übermütig ruft Pater Prior: „Jetzt beginnen die Tage des Heils, die Zeit der Gnade bricht an." Der Prophet Joel fordert kämpferisch: „Zerreißt euer Herz!" und Paulus mahnt die Korinther: „Lasst euch mit Gott versöhnen!" Das Johannes-Evangelium berichtet vom „Vater, der im Geheimen sieht". Weihrauch steigt auf. Der Mönch drückt uns ein Aschenkreuz auf die Stirn. Wir sind gezeichnet vom Tod, der keinen Stachel mehr hat. Für vierzig Tage kein „Alleluja" mehr. Weder Kerzen noch Blumen. Wir beten für alle, die in dieser Fastenzeit sterben werden.

Meine Zelle im ersten Stock am Ende des Ganges. Ein Bett, ein Tisch, ein Stuhl. Unter dem Kreuz der Jeremia-Vers: „Rufe zu mir, so will ich dir antworten …" Daneben eine Marienikone, die Hand des Kindes am Hals der Mutter. Vom Fenster aus die Front der Abteikirche. Legt sich die Sonne um 10.20 Uhr auf die Mauern, leuchten die Steine in Rosa, Weiß und Grau. Kein Portal, sondern die „enge Pforte" ins dunkle Mysterium. Der kleine Turm, der in Harmonie mit den Dächern nicht hochmütig nach oben strebt. Glocken, die Tag und Nacht die Stille unterbrechen. Für den Gast haben sie etwas Überfallartiges, vor allem, wenn sie in der Dunkelheit um Viertel nach drei zur Vigil, dem Nachtgebet, rufen. Benedikt schreibt, ihrem Appell sei, selbst in der Tiefe der Nacht, nichts vorzuziehen.

Am Eingang dieser Kirche liegt ein Faltblatt aus, das den Kern der mönchischen Berufung trifft: „Das Klosterleben ist eine Antwort auf einen Ruf. Ruf Gottes zur Heiligkeit, wie für jeden Getauften, jedoch in einer besonderen Eile und Radikalität. Weg der Verklärung."

Parterre drei Sprechzimmer und das Refektorium. Es wird schweigend gegessen, manchmal legt der Gastpater Benedetto eine Bach-CD auf. Abends ertönt die Tischlektüre aus dem Speisesaal der Mönche. Eine erstaunliche Erfahrung: Im Klicken der Bestecke und Teller dringen Musik und Vortrag tiefer ins Ohr. Man lauscht. In der Fastenzeit wird auf Tischwein verzichtet. Beim gemeinsamen Spülen drängen sich in der Küche die Frauen vor – sie glauben das besser zu können.

Benedetto ist ein junger Italiener mit einem Gesicht, das Sandro Botticello, den frühen Renaissance-Maler, begeistert hätte. Da ist ein Wechsel von Lächeln, Ernsthaftigkeit, Staunen und Strahlen, dem man sich nicht entziehen kann. Eine Mischung aus männlicher Demut und Güte, von der er behauptet, sie sei ihm „von oben" geschenkt. Unter seiner Obhut Gast zu sein, macht die Dinge angenehm. Wie schafft er das nur? Es sieht so leicht und rein und ehrlich aus. Wenn er betet, versprüht er einen Hauch Seligkeit.

Im Gang, der zur Kapelle führt, stehen sechs Grabkreuze, denen noch Erde anhaftet, als hätten hier kürzlich Exhumierungen statt-gefunden. Doch hat man sie in nicht klösterlicher Zeit entnommen und nunmehr zurückgegeben. Es herrscht Friedhofsruhe, es ist noch viel Platz und vom Sterben, an das die Zisterzienser gerne erinnert haben, nicht viel die Rede. Sénanque wurde nach einer langen Auf- und Ab-Geschichte erst 1988 wieder besiedelt. Fünfzehn Mönche, darunter einige aus Vietnam, leben in den alten Mauern, neue wer-den bald folgen.

Sénanque am Mittag. Unter einer Steineiche ein Platz in der Sonne. Die gute Erde ist schon warm, alles bereit für den Frühling, er kann jeden Tag kommen. Noch eilt der Wind aus dem Norden, wo sich der Mont Ventoux erhebt, der Meister aller Stürme. Drüben die Ab-tei. Aus der Distanz wird deutlicher: Hier hat sich der geschliffene Stein den Felsen angeschmiegt. Das Kloster ist nicht erbaut worden, sondern wie aus dem Boden gewachsen. Seine Lage verführerisch, Ordnung ohne Ordnung. Höhen und Tiefen wie abgemessen. Hege und Pflege, als hätte hier der Gartenbaumeister André Le Nôtre das Kloster von Sénanque geschaffen und nicht die armen Brüder.

Bruder Jean hat heute Morgen erwähnt, dass Papst Benedikt XVI. immer mehr über die Stille spricht. Was hat es zu bedeuten? Geheim-nisvolles? Er liebt den Heiligen Vater und trägt ein Foto von ihm in seiner verschlissenen Bibel. Manchmal, wenn er gestikuliert, rutscht es heraus, dann verbirgt er es schnell wie einen Schatz. Er hat auch an das Wort von Dostojewski erinnert: „Die Schönheit wird uns befreien." In der Schönheit von Sénanque ist es leicht, daran zu glauben. Es waltet Demut, von der ebenfalls Dostojewski sagte, sie sei „eine furchtbare Kraft".

Glockenschläge … ich habe das Essen verpasst und begnüge mich mit einem Apfel.

Bruder Jean ist ein 68er, der Jüngste aus einer achtköpfigen Pariser Familie. Katholisch zu sein war selbstverständlich. Lange haben sie in Bourges gewohnt, nur hundert Meter von der Kathedrale entfernt. Auf den Knien der Mutter hörte er erstmals Geschichten aus der Bibel. In der Kirche, dem „schönsten Bauwerk Frankreichs", spielte er und diente in der Frühe bei der Messe. Abends wurde zu Hause gebetet. Am Kolleg katholischer Priester erlebte er im Mai 1968 die Studentenrevolution: „Solidarisch, jedoch nicht auf den Barrikaden". Für den jungen Suchenden begann eine verwirrende Zeit: Begegnung mit dem neuen, elanvollen Erzbischof Marty, Sympathien bei einer Gründung von Laien-Benediktinern in den niederen Vierteln der Großstädte dabei zu sein, Einfluss des charismatischen Trappistenabtes André Louf. Strenge Exerzitien, Mönchsberufung, Militärdienst.

Die Krise in der katholischen Kirche Frankreichs brach 1970 voll aus. Experimente, Enttäuschungen, Streit, Rücktritte. Diejenigen, die noch bleiben wollten, suchten Zuflucht in der orthodoxen Liturgie, bei den Wüstenvätern oder den Mönchen vom Berg Athos. Die kleine, der Küste von Cannes vorgelagerte Insel Saint-Honorat war dafür der richtige Ort. Bruder Jean lebte hier mit Gefährten und Schwestern aus dem Orden von Bethlehem und der Himmelfahrt Mariens. Er sagt rückblickend über diese Zeit „eine jungfräuliche Formel, eine Interaktion des Heiligen Geistes". 1975 trat er bei den Inselmönchen ein und blieb dort auch nach dem Tod seines spirituellen Vaters. Während der Studienzeit traf er auf eine geniale Gestalt, Pater Marie-Dominique Philippe („Marido"), der Philosophie und Metaphysik lehrte. Zu den Dominikanern, die auf Saint-Honorat Vorlesungen hielten, zählte auch der spätere

Kardinal Christoph Schönborn. Der zum Priester geweihte Jean sagt heute: „In der Kirche tobte die Orientierungslosigkeit. André Louf, die Schwestern von Bethlehem und Marido haben mich gerettet.

Bruder Jean nimmt zu an Statur. Seine zögernde, nachdenkliche Art zu sprechen. Immer ein passendes Zitat. Raïssa Maritain: „Ich liebe die Heiligen, weil sie großherzig sind. Ich liebe die Sünder, weil sie mir gleichen.“ Paul Claudel: „Es gibt immer einen neuralgischen Punkt, der ‚Vater unser‘ sagt.“ Mutter Teresa: „Wenn ich gläubig wäre, wäre ich eine Heilige der Finsternis …“

Über die Heiligsprechungen von Maria Goretti und Maximilian Kolbe: „Ihr Mörder und der vor dem Hungerbunker gerettete Familienvater waren während der Zeremonie auf dem Petersplatz.“

Dunkler die Geschichten, die er über die innere Bedrängnis der Heiligen erzählt: „Viele Mystiker waren psychiatrisch belastet, sie hielten den Druck nicht aus. Die gelungenen Leben sind gescheiterte Leben.“ Über die Dämonen sagt er: „Sie zeugen von der Heiligkeit Gottes, sie haben einen Glauben, der jedoch nicht von der Liebe verklärt wird.“ Über das Taufsakrament: „Es ist wie ein Embryo im Mutterleib, wir werden zu einem neuen Leben geboren.“

Alle hören gebannt zu. Jeder für sich, außer den Ehepaaren. Meist ältere Semester. Mir fehlt meine Frau. Ansonsten Stille, keine neuen Freundschaften.

14.15 Uhr: Glockenschlag zur None, der neunten Stunde. Hinaus aus der Mittagsruhe, der Tag ist schwer. Golgatha-Zeit, Last des Daseins, es geht hinab.

Der 62-jährige Prior, Pater Jean-Marie, ist ein „Meta-Optimist". Bei ihm war der Weg zu einer Berufung als Mönch seit einer Pilgerfahrt als 17-Jähriger nach San Damiano immer klar vorgezeichnet. Er hofft auf klösterlichen Nachwuchs, doch glaubt er: „Der Herr wird sich darum kümmern, er hat uns keine Erfolge versprochen, sondern Prüfungen und das ewige Leben." Über die Vigil der Osternacht sagt er die kühnen Worte: „Die Erlösung ist noch größer als die Schöpfung. Durch Jesus sind Zeit und Raum aufgehoben worden. Es herrscht die Glaubensrealität dynamischer Mystik." Es komme darauf an, gegen Regen und Sturm vorwärtszugehen: „Christliches Leben ist strahlend, aber im Kampf." Höre gut zu, lieber Freund, sagt er zu mir: „Die Beziehung zwischen Mensch und Gott ist beschädigt, doch durch die Sünde nicht unterbrochen."

Jetzt reden wir über unsere persönlichen Dinge. Seine Zeit ist längst überschritten, bald werden die Glocken zur Vesper läuten. Dann habe ich erstmals seit Jahren spontan um die Beichte gebeten. Es hat mich überrascht, ihn offenbar nicht. Ich sage: „Meine Untreue war nie subversiv." Nichts als ein Lächeln, Lossprechung, große Freiheit. Zur Buße ein Vaterunser, „aber ganz langsam".

Kapitel 2

Der lächelnde Christus von Lérins

A bfahrt in Sénanque, heftige Rückkehr in die Welt. Nach der Zeit der Stille kommt die Normalität überfallartig, sie hat andere Termine. Doch versöhnt die südliche Landschaft und ihre klassischen Namen: Im Massiv der Sainte-Baume, die Zuflucht der heiligen Sünderin Maria Magdalena; der mythische Berg La Sainte-Victoire, der Cézannes Leben geprägt und Peter Handke inspiriert hat; Abzweigungen nach St. Tropez, dem Pilgerort der Reichen und Schönen. Die Autobahn schlängelt sich durch die Ausläufer der Seealpen. Gebirge und Meer in blauen, grünen, manchmal schwarzen Farben. Keine einzige Wolke, hinter den Höhen schon das Mittelmeer.

Sanary-sur-Mer ist ein kleiner Badeort zwischen Marseille und Toulon. In den kritischen Jahren zwischen 1933 und 1940 hat er einer Kolonie namhafter deutscher und österreichischer Schriftsteller Schutz gewährt. Thomas und Klaus Mann, Bert Brecht, Stefan Zweig, Lion Feuchtwanger, Franz Werfel und viele andere lebten hier in einem zwiespältigen Exil. Die einen mondän, der Rest auf die Großzügigkeit der erfolgreichen Kollegen angewiesen. Die Nachrichten aus der Heimat waren verheerend, die Schergen der Nazis rückten näher. Walter Hasenclever hielt den Druck nicht aus und nahm sich das Leben. Am Tourismus-Pavillon erinnert eine Gedenktafel an die tragische Episode deutscher Literaturgeschichte. Sechsunddreißig Namen sind aufgezeichnet, alles abenteuerliche Geschichten.

Das Meer klatscht gegen die Ufermauer, im späten Winter bereits etwas Strandstimmung. Die leichte Melancholie des Wellenganges, Abschied und Wiederkehr. Weiße Segel in der Bucht, man möchte mit hinaus. Sonderbar, tief im Kloster war auch solche Weite. Péguy hat in einem Mariengedicht geschrieben: „Du gleichst dem Flimmern der Deltas …" Morgenstern, Seestern, die Attribute der Jungfrau.

Ich bin gerne in Sanary-sur-Mer. Die bunten Fischerboote im Hafen. Mädchen mit wehenden Haaren, die Beine schon gebräunt. Der Hotelier im „Beaujour" hat noch ein Zimmer frei, ein munterer Typ. Überall hängen Bilder in maritimen Farben. Ringsum in den Gassen lässige Lebensfreude. In der Bar „Gavroche" zwei Bier, man ist gleich Freund.

Abendmesse in St Jean. Die Kirche vollbesetzt, sogar ein Hund räkelt sich zwischen den Bänken. Eine schöne Frau verteilt in einem langen, weißen Umhang Liedblätter. Am Ausgang küsse ich ihre Hand, sie sagt überrascht: „Merci Monsieur." Der junge Priester mischt sich im vollen Ornat unters Volk und begrüßt seine Anhänger in Jeans und Lederjacken. Einer schubst ihn mit der Faust in die Seite. Er schubst zurück.

Im „Bistrot du théâtre" eine gegrillte Dorade. Dunkler Wein am offenen Feuer. Nachdenken über einen gelungenen Tag.

Anbruch der Nacht auf einer Bank im Hafen. Schiffe erwecken immer eine Impression von Abschied, bereit, alle Sicherheit zu verlassen. Je größer die Dunkelheit, umso stärker die Unsicherheit, das andere Ufer nicht zu erreichen. Ich denke an die tobende See und die vom Untergang bedrohten Jünger. Dann der Herr über den Wassern, die Lichtgestalt über den Abgründen. Auch über unseren eigenen steht der Retter mit ausgestreckter Hand: „Fürchtet euch nicht!"

Doch leuchten in Sanary-sur-Mer die Reklameschriften der Bars und Restaurants. Liebespaare gehen Hand in Hand. Ein Bettler hält *seine Mütze hin. Möwen picken sich Brotreste aus den Mülltonnen und verschwinden in den Zypressen. Aus vorbeifahrenden Autos tönt Technomusik. Nur das Meer ist still, eine große schwarze Fläche mit den Lichtern einiger Schiffe. Die Nacht und das Meer, die Freunde der Ewigkeit. Nur die Sterne flackern über dem Turm von St Jean.*

Das alte Schiff „Honorat II" verbindet Sommer wie Winter die Klosterinsel Lérins mit dem Hafen von Cannes. Die Überfahrt dauert nur vierzig Minuten, doch dazwischen liegen Welten. Hier der Jachthafen und das Palazzo des Filmfestivals, dort die Garteninsel der Zisterziensermönche. Seewind kommt auf, die Freiheit auf dem Meer zu sein: mare nostrum, dort wo die Heiligen Kassian und Honoratus kreuzten.

Vorbei an Olivenbäumen und Lavendelfeldern führen verzweigte Wege zur Abtei. Die Rebstöcke säuberlich geschnitten. Zwischen dunklen Kiefern da und dort der ockerfarbene Turm der Kirche, Glockenschläge einer anderen Zeitrechnung. Ringsum nur rauschendes Meer, azurblau. An der Küste Felsen und trockenes Seegras, wie ein Teppich. Die Lust der Möwen und Tauben, zwischen Buchsbäume flieht ein Fasan.

Der Eingang zum Kloster kann mediterraner nicht sein. Hohe, ockerfarbene Wände. In den Nischen Geranien. Hinter den Mauern das Grün der Pinien und Zypressen. Am Himmel kreisen Vögel. Links der Gästetrakt, rechts die Klausur – Zugang verboten. Hinter der Türe beginnt die Zone des Schweigens. Dunkel das Portal der Kirche, erfrischende Kühle, Weihrauchgeruch. Das Chorgestühl glänzt, über dem Altar ein hohes Kreuz, am Eingang erkennt man im Holz eine Silhouette: Christus im gebrochenen Licht. Das Ergreifende leerer Kirchen. Sie holen Atem für das Wesentliche. Ich werde hier Stunden verbringen.

Der Pförtnerbruder Etienne gleicht einem Rugbyspieler. Er möchte gleich die Miete, 40 Euro Vollpension, das ist kein Preis. Dann führt er mich zwischen Rosen und Narzissen in den Gästetrakt. Verwinkelte Treppen, Säulen, Arkaden. Meine Zelle liegt auf der ersten Etage, unten Mandarinen- und Aprikosenbäume, dahinter ausbruchsicher die Klostermauer. Zur Sonnenseite Palmen und Orangen, in den Beeten frühe Rosen. Der Anblick erinnert mich an die Klostergärten auf dem Athos. So früh schon blühende Mimosen und Mandelbäume. In der Ferne das Signal eines Schiffhorns: 16.30 Uhr, das letzte Boot legt ab, zurück in das knisternde Cannes. Jetzt sind wir Gefangene der Schönheit.

Honoratus ist ein Heiliger des frühen Christentums. Ursprünglich wollte er zu Beginn des 5. Jahrhunderts zusammen mit seinem Bruder Venantius in die Wüstenklöster Ägyptens, doch fand dieser während der Reise den Tod. Honoratus kehrte nach Marseille zurück und gründete auf der kleinen Insel Lerina eine Einsiedlerkolonie. Ein Zentralgebäude mit Noviziat und sieben Kapellen für die Eremiten. Es erinnert an den Lebensstil der Väter in der ägyptischen Wüste. Honoratus schrieb die erste Klosterregel des Abendlandes und wurde in Arles von der Bevölkerung zum Bischof gewählt. Das alte Lerina geriet zu einer Insel der Heiligen. Neue Regelversionen entstanden, die Strukturen des Chorgebetes wurden festgelegt. Berühmte englische Mönche schlossen sich der Gemeinschaft an. Als die Sarazenen im 8. Jahrhundert einbrachen, wurde zum Schutz eine befestigte Klosterburg errichtet. Sie steht noch heute robust und trotzig an der Küste. Über dunkle Treppen kann man hinauf zu den Zinnen. Hier haben die Wachen gestanden und die Glocken geläutet. Der Blick geht hinaus auf das Meer. Kein Feind mehr in Sicht.

Die Geschichte der Klöster ist eine Geschichte der Auf- und Abstiege. Auch Lérins konnte den Glanz der Anfänge nicht bewahren. Geschäftige Politik mischte sich ein, Aufhebung drohte, die

30

Revolution besorgte den Rest. Eine Schauspielerin ersteigerte die Ruinen. Ende des 19. Jahrhunderts nahmen Zisterziensermönche die Tradition von Honoratus wieder auf. Die Beter kehrten zurück.

Ich liebe das Dunkel leerer Kirchen. Aus ihnen kann noch alles kommen. Raum mächtiger Stille. Leere, die nicht leer ist. Armut, erhaben über jeden Besitz. Zugleich faszinierend und beängstigend, die Nähe des Heiligen.

Das matte Holz des Chorgestühls, geschliffen von Tausenden Berührungen. Schmuckloser Stein, es zählt nur noch das Eigentliche. An der Säule vor der Apsis eine Marienstatue, die von den Mönchen verehrte Jungfrau. Sie strahlt viel Demut aus. So schlicht kann Schönheit sein.

In einem Lichtkegel an der Rückfront das Kreuz. Der Herr mit gesenktem Kopf. Doch welche Überraschung! Der Durchbohrte lächelt. Es ist keine Täuschung, kein Schattenspiel im Clair-obscur. Weder Schmerzensmann noch triumphierender Pantokrator. An diesem Ort der Tag- und Nachtgebete ein mysteriöses Zeichen der Zärtlichkeit. Lächeln lädt ein und berührt das Herz. Kein Blut, keine Trauer, keine Schmerzen mehr. Es ist vollbracht. Neue Zeit, alles und immer.

Bruder Gilles ist ein echter Zisterziensermönch. Klein, kräftig, doch mit Augen, als habe er gerade geweint. Er sieht übernächtigt aus und ist doch hellwach. Er kennt keine Scheu, über sehr persönliche Dinge zu sprechen. Der 61-jährige Prior war zuvor für das Theologiestudium der Novizen und die geistliche Begleitung der Gäste verantwortlich. Fragt man ihn jedoch nach seiner eigentlichen Funktion, sagt er sogleich: Gott suchen.

So ist er. Nachdenklicher Beantworter ohne Zögern. Was ihn umtreibt, ist die Frage des klösterlichen Nachwuchses. Seit 1990 ist kein Kandidat geblieben. Jung einzutreten bedeute eine Chance, mehr Frische. Die heutigen Postulanten sind zwischen 30 und 50 Jahre alt. Doch weiß er zu relativieren: In anderen Gemeinschaften seiner Kongregation in Québec, Italien und vor allem in Vietnam sieht es anders aus. Seit 1990 ist im fernöstlichen Kloster die Zahl der Mönche von 5 auf 50 gestiegen.

Bruder Gilles liebt das Gespräch mit jungen Menschen und macht sich über die Situation der Zeit keine Illusionen: „Sie sind großherzig, scheuen jedoch als 20- bis 30-Jährige ein Engagement. Das ist nicht dramatisch, manche ziehen zunächst einen Job in fernen Ländern vor." Die Distanzen zwischen Kirche, Welt und Kloster hält er für enorm. Deshalb hat man, in der Nähe der Anlegestelle des Klosters, eine Stiftung gegründet, die außerhalb der Kirche stehende Jugendliche für eine Wochenzeit aufnimmt. „Wir helfen ihnen, ihre eigene Identität zu finden", sagt der Mönch. „Acht Tage Gespräche, Lektüre, Handarbeit. Weder Handy noch Internet. Es sind gegenseitige Lektionen."

Der Weg des jungen Gilles ins Kloster war nicht einfach. Im Elternhaus in Lyon wurde der Junge christlich erzogen, der Großvater machte spitze antiklerikale Bemerkungen. Das ging gut bis zum 14. Lebensjahr, dann begann das, was er „ein Bad im Geist der Zeit" nennt. Während zwei Jahren an der Uni tauchte er förmlich in die Revolte der 68er Generation ein: „Es war ein Erdbeben, gesellschaftlich, jedoch auch persönlich."

Erst 1971 hat ihn die Begegnung mit einem von Indien schwärmenden Freund wieder an den Rand des Christentums gebracht. Genug des Marxismus und der Ideologien. Der wesentliche Umschwung geschah in Taizé. Hier wehte der Geist, den er suchte. Zwei Jahre lang war er im Empfangsdienst der Gemeinschaft von Frère Roger Schutz. Gebete, Gesänge mit Tausenden Jugendlichen aus aller Welt. Dann trifft es ihn „im Bruchteil einer Sekunde".

Als er von seiner Berufung berichtet, wird Bruder Gilles ganz ernst. Er klopft mit zwei Fingern auf die Tischplatte, als er sagt: „Der Appell kommt wie ein Erdstoß, er ist radikal und verlangt nach einer sofortigen Antwort. Christus täuscht sich bei niemandem. Er ruft uns mit unserem Namen." Der intime Blick des Herrn, dem der Betroffene nicht ausweichen kann. Er erinnert ihn an das Gemälde „Die Berufung des hl. Matthäus" von Caravaggio in der römischen Kirche „St Louis des Français", das auch mich tief berührt hat. Alles ein Augenspiel in Windeseile: Liebesblick, Staunen, Bereitschaft.

Der leidenschaftliche Mönch möchte noch bei diesem Thema bleiben. Die Gnade Gottes schenke die Fähigkeit einer Antwort, sagt er. Es sei fast wie eine Entführung, eine Gefangennahme. Feuer und Blitz wie auf dem Weg nach Damaskus.

Die Möwen sind hier zu Hause. Im Steilflug schweben sie über die glatte See. Pausen auf dem Dachfirst der Kirche. Sie weichen nicht, selbst wenn die Glocken schlagen. Mein Platz am Felsenstrand: Seegras wie ein Kissen, Kieferzweige neigen sich zur Brandung als wollten sie trinken. Nur ein paar Seiten im Buch eines namenlosen Kartäusers: „Das Glück der Keuschheit". Die Fragen sind mir bekannt, die Reinheit des Meeres ist tiefer.

Hier lernt man mit der Sonne zu leben. Am Ende der Laudes um Punkt acht bricht sie durch das Apsisfenster. Am Abend verschwindet sie golden auf den Höhen von Mandelieu-la-Napoule. Die letzten Strahlen versinken im Meer.

Anbruch der Nacht auf Lérins. Nur zwei Kerzen. „Salve Regina", das letzte Lied gilt der „Mutter der Barmherzigkeit". Älter werdend sind Lebensrückblicke milder. Viel Schwarz im Schatten der Klausurmauern. Der Mond steht genau über meinem Kopf, blasse und helle Sterne. Leises Pfeifen der Jets beim Landeanflug auf Nizza. Das ewige

Brechen der Wellen an den Uferfelsen. „Verwandte Kinder Evas, Tal der Tränen, Exil". Der Schlussgesang begleitet mich im leichten Wind auf dem Weg zurück.

Bruder Gilles ist am 2. Februar 1975 in die Abtei Lérins eingetreten. Er betont, dass es das Fest „Mariä Lichtmess" war. Die Folgezeit der 68er Revolution war sonderbar. Viele verließen die Klöster, andere kamen. Junge Amerikaner entdeckten den Heiligen Berg Athos und die koptischen Wüstenklöster im Wadi Natrun. Hippies entzündeten Räucherstäbchen mit Zen-Mönchen in Tibet. Westliche Ordensleute, wie der Abt Bernard Besret oder der Trappist Placide Deseille forderten Reformen und die Liturgien der Ostkirche. Für den jungen Gilles war die Karwoche in Taizé und die Begegnung mit Frère Roger entscheidend gewesen. Für ihn gab es keinen Zweifel mehr. Er vertraute den Männern, die ihn umgaben: seinem Abt Bernard und dem charismatischen Novizenmeister Joseph. Er fühlte sich geliebt und lernte langsam sich selbst kennen. Im Morgengrauen nach der Vigil las er die Werke des hl. Bernhard und dessen zeitgenössischen Interpreten Dom Jacques Leclercq oder die Schriften des russischen Mystikers Seraphim von Sarow und die Autobiografie des amerikanischen Trappisten Thomas Merton.

Nach einem Theologiestudium an der benediktinischen Hochschule Sant' Anselmo in Rom und der Priesterweihe 1981 schickte sein Abt ihn zehn Jahre später zur Aushilfe in die Abtei Sénanque. Es hat ihn nicht zerrissen: „So ist die Führung des Herrn, man sieht nicht den Horizont." Der drahtige Mönch weiß seitdem, dass die Dinge im Laufe der Zeit ihren Sinn erhalten und erkennbar werden. Es gehört ganz wesentlich zum Mönchtum, dass man alle Illusionen über sich selbst verliert. Kenosis – ganz leer werden für die Fülle Gottes.

Auf dem Tischchen in meiner Zelle liegt das Bild „Unsere Liebe Frau" des schönen Glasfensters der Kathedrale von Chartres aus dem 12. Jahrhundert. Ein Gast hat es den Mönchen aus Dankbarkeit geschenkt. Leben und Glauben waren noch eins. Verlorene Schönheit, die unser Herz noch immer trifft, manchmal schmerzlich.

In der Fastenzeit begeben wir uns nach der Vesper in die Verehrungskapelle neben dem Chor. Unter dem Steingewölbe wird das Allerheiligste ausgestellt. Umhüllendes Dunkel, eine Stunde in der Stille. Einmal zur Ruhe gekommen, erhält diese Zeit ihren Sinn. Verehrung geht tiefer als Anbetung, sie bedarf keiner Worte mehr. Ereignislosigkeit und Mysterium. Vielleicht Liebeserfahrung. Schlägt die Glocke, erteilt der Abt mit der Monstranz den Segen.

Abschied von Lérins. Vom Meer aus hat die Klosterinsel nichts Mythisches, das Festland liegt nahe. Ich bin heute Morgen der einzige Passagier. Ein Blick zurück: Nur der rote Kirchturm erhebt sich aus den Baumkronen. Die Nachbarinsel Ste Marguerite liegt noch im Dunst. Dann volle Kraft voraus. Hinter uns das offene Meer.

Ein letztes Bild im Hafen von Cannes. Ein Mönch kehrt vom Einkauf zurück auf das Schiff. Ringsum die mondänen Jachten der Millionäre, er ärmlich in Jeans, mit Fleecejacke und Rucksack. Der Kontrast kann größer nicht sein. Doch strahlt er, schlägt in meine Hand und wünscht „einen guten Weg nach Ostern".

Kapitel 3

Ein Lächeln in Jouques

M adame Marchal im „Café de la Place" hält Jouques für eines der schönsten Dörfer in der Provence. Kleine Reihenhäuser in Gelb, Blau und Rosarot, von der Sonne gebleichte Fassaden. An den Fenstern trocknet die Wäsche. Ein großer Weiher, die Platanen gestutzt, doch beteuert die Wirtin: „Sie werden sich nicht hindern lassen, wieder Schatten zu spenden." Sie hat eine sanfte Art, das Menü zu diktieren. Thunfisch, Reis und grauer Rosé sollen es sein. Am Nebentisch ihre Kinder und der Stammgast Roger, mit Jacke und Wollmütze. Licht spielt an den Wänden. Danielle, die älteste Tochter, serviert. Dann zwei Schlucke des kühlen Landweins und die Frage, wo der spirituelle Sinn dieser Mittagsstunde liegt: das Licht lieben, Zeit haben, dem Alten und den Kindern zuhören. Hinten an der Theke trinken die Männer ihren Apéro, Bier und Pastis, auf die Menge kommt es nicht an. Es ist wichtig in den abgelegenen Ortschaften zwischen Aix-en-Provence und Gap, die Gasthäuser zu finden, wo die Handlungsreisenden, die Witwer und Gendarmen ihre Gläschen und das Tagesmenü bestellen. Hier schlägt noch das Herz Frankreichs, jeder kennt jeden, jeder hat seine Meinung über die Schlagzeilen im „La Provence", selbst den Fremden gilt ihr Handschlag. Jetzt möchte man lieber Hemingway als der heilige Bernhard sein.

Im engen Tal liegt die Benediktinerinnen-Abtei „Unserer Lieben Frau von der Treue" auf einem verborgenen Hügel. Den Weg hinauf muss man erst finden. Zunächst noch Pinienwald, dann Terrassengärten mit Aprikosenbäumchen und Lavendelfeldern. Sie werden bald blühen und die Anhöhe verzaubern. Es ist das Reich, wo Iris, wilde Tulpen und Sternenklee wachsen. Am blauen Himmel kreisen Königsadler, im Nadelwald klopft der Grünspecht. Im dichten Unterholz die Zuflucht der Wildkatzen. Zuletzt am Straßenrand ein massives Kreuz, es markiert die Grenze zwischen dem Frühschoppen in Jouques und der stillen Bleibe der schwarz gekleideten Schwestern.

Das Kloster befindet sich am Rand des Lubéron zwischen dem Lauf der Durance und dem Massiv der Sainte-Victoire. Es ist der Berg, den Paul Cézanne geliebt und in allen Varianten gemalt hat. Ein Koloss, dem Peter Handke eine Erzählung widmete. Annäherungen an einen Mythos, der sich in dieser Bergwelt mächtig erhebt. Hier ist jene Abgeschiedenheit, die kontemplative Klöster seit den Tagen ihres Gründers Benedikt aufspüren. Abseits von den Straßen, von Wäldern umgeben, an Bergen angelehnt, nahe eines Wasserlaufs, autarke Einsamkeit. Da stört es auch nicht sonderlich, dass unten im Tal die Autobahn nach Manosque rauscht. Es ist ein Tribut an die Eile unserer Zeit, den man am Ort der Verlangsamung gelassen in Kauf nimmt.

Bergklöster haben Festungscharakter, als müssten die hohen Mauern die Schwestern vor Nachstellungen schützen. Doch führt der schmale Weg zur Pforte durch einen Garten. Man ist willkommen. Die Klausur befindet sich hinter einer Hecke. Der Blick nach innen ist versperrt. Es herrscht große Stille, das Hauptportal bleibt für Besucher geschlossen. Man muss schellen, um zum Klosterladen zu gelangen, dann klickt das Schloss. Die Schwester hinter dem Ladentisch lächelt. Das nimmt der Ankunft alle Strenge.

Auch das gehört zu den Selbstverständlichkeiten dieses Refugiums: In den Gesang der Vesper vom Montag in der zweiten Fastenwoche mischt sich Vogelgezwitscher. Neben dem Ernst uralter Psalmen die aufgeregte Heiterkeit des nahenden Frühlings. Die Stimmen der Schwestern werden mich jetzt für Tage begleiten und alles andere in den Schatten stellen. Das ist ihre Waffe, so würden sie in den Tod gehen: singend. Hoch, klar, rein, von nahezu gläserner Zerbrechlichkeit steigen die Stimmen aus dem Chor. Sie fegen in milder Entschiedenheit alles weg, was in dieser dreigeteilten Kirche ihrem Format nicht standhält. Figuren am Rande des Kitsches, ein Reliquienschrein mit den Überresten provenzalischer Heiliger oder Elektroheizkörper fallen nicht mehr auf. Nichts anderes als Engelsgesang aus der Tiefe der Zeiten. Cherubim und Seraphim auf einem Ausflug zur Erde.

Ein hohes Eisengitter zwischen dem Nonnenchor und den Besucherplätzen geben dieser Klosterkirche eine herausfordernde Spannung. Spontan wehrt man sich gegen solche Defensive. Man möchte die Singenden sehen, nicht die Silhouette schwarzer Reihen, dunkler Gestalten. Man fürchtet ein Symbol überwundener Trennung zwischen klerikaler Hierarchie und Volk, die alte Ordnung aus der Zeit vor dem Konzil. Suchte man einen Blickkontakt, man würde ihn nicht finden. Es herrscht die unantastbare Schönheit des Chorals. Er dringt mit leichter Macht durch die Gitterstäbe und besänftigt den Widerstand. Es soll keine Ausgrenzung sein, beschwichtigt Schwester Thérèse, nur „ein entschiedenes Zeichen, dass hier eine andere Welt beginnt".

Zwischen Vesper und Komplet wird die Kirche für zwei Stunden geschlossen, zu viel ist gestohlen worden. Die Eiseskälte draußen macht die Konturen der Mauern und Bäume deutlicher. Letztes Licht im Dunkelgrün der Pinien, noch etwas Glimmer auf den Olivenblättern. Über den Bergen tiefrote, majestätische Glut. Die Stille ist eine Fortsetzung der Vesperhymne mit anderen Mitteln. Ihre Gebete seien mit Tränen gemischt, sangen sie. Sie klagten sich der Schwäche an, viel gesündigt zu haben. Das Fasten habe sie geschwächt. Über den Gipfeln im Westen, dort, wo sich die Sainte-Victoire, der Berg des „heiligen Sieges" erhebt, geht die Sonne unter.

Am Abendtisch allein mit Joelle. Die 57-jährige Behinderten-Pflegerin aus Marseille hat sich hierher zurückgezogen, um sich auf ihre Taufe in der Osternacht vorzubereiten. Kurzes graues Haar, Piercings in einer Augenbraue. Früher war sie Köchin und hat sich in Abendkursen hochgearbeitet. Ihr Mann und die zwei Söhne verstehen nicht, was sie umtreibt. Der Umgang mit den Behinderten fehlt ihr. Ein Autist, den sie waschen wollte, hat ihr beide Arme gebrochen. Sie redet nur flüsternd, man versteht sie kaum. Während der ersten Nacht im Gästehaus hat sie sich gefürchtet.

Ein zweiter Gast führt strenge Exerzitien und möchte im Nebenzimmer allein essen. Der Priester ist hochgewachsen, hat präzise gescheiteltes Haar und trägt eine schwarze Soutane aus der Vorkonzilszeit. Mit uns spricht er kein Wort und beteiligt sich auch nicht am Spülen. Ich nenne ihn den „Piusbruder", vielleicht ist es ungerecht.

Dann kommt eine schlechte Nacht. Schlaflosigkeit, banale Bilder aus den Schichten des Unterbewusstseins, Lust auf mehr Rotwein, ratlose Blicke auf den Wecker. Vor vier Uhr, wie aus der Ferne, die Glocke zur Vigil. Dann noch ein Umdrehen und endlich Schlaf.

Der Rektor des Klosters liest die Messe nach dem alten römischen Ritus. Daran haben sich im Konzil die Geister geschieden. Der damalige Theologieprofessor Joseph Ratzinger hat die schnelle Streichung als einen Putsch empfunden und als Papst die Dinge wieder zurechtgerückt. Sehr zur Freude der Schwestern aus der Abtei Unserer Lieben Frau von der Treue, die für liturgische Reformen keine besondere Neigung haben. Der Priester trägt heute ein violettes Bußgewand und hält nur die Lesungen in französischer Sprache. Er ist mit mehreren pastoralen Aufgaben in der Diözese beauftragt, auch mit der des Exorzisten. Das macht neugierig. Was weiß er über okkulte Vorgänge? Welche Macht hat er, Teufel und Dämonen auszutreiben? Was fordert von ihm seine Verantwortung als Beichtvater der Schwestern?

Doch erinnert seine strenge Liturgie mit ihren Verbeugungen und Kniefällen an Kindheitstage. Hunderte Formeln und Rubriken, die wir nicht verstanden. Der Zelebrant mit dem Rücken zum Volk. Das Ornat voller Symbole. Ermahnungen von einem hohen Predigtstuhl. Auch hier ist jeder Schritt bemessen, jede Bewegung vorsichtig. Niemand wagt aufzutreten, fällt ein Gesangbuch zu Boden, schallt es durch den ganzen Raum. Nicht zu übersehen, dass sich die Schwestern im Halbdunkel des Chors reihum erheben und mit gesenktem Kopf niederknien. Es sind Gesten der Selbstanklage nach einem kleinen Fehler beim Gesang oder einer Unachtsamkeit beim Lesen der Stundengebete. Es herrscht die alte Disziplin, das Prinzip konsequenter, jedoch bisweilen auch kleinlicher Demut.

Im ausführlichen lateinischen Hochgebet wird heute zum letzten Mal Papst Benedikt XVI. erwähnt. Kein Kommentar, doch haben die Schwestern für ihn nach der Vesper eine Vigil der Danksagung angekündigt. Er wird hier verehrt, seine Bücher werden geschätzt. Es herrscht eine nostalgische Stimmung.

Bei der Kommunion wird das große Gitter für die Dauer der Austeilung geöffnet. Keiner flieht … Die Schwestern schreiten reihenweise nach vorn, knien vor dem Priester nieder, halten eine goldene Patene und empfangen die Hostie mit dem Mund. Zurück an ihrem Platz im Chor verbergen sie ihr Gesicht in beiden Händen. Lange Danksagung, große Stille.

Zum Mittagessen sind zwei neue Gäste erschienen. Die betagte Mutter der 50-jährigen Äbtissin, die sich zur Erholung einige Zeit zurückgezogen hat, und der Vater einer 63-jährigen Schwester, die seit 39 Jahren hier lebt. Beide gehen am Stock. Sie war damals beim Eintritt ihrer Tochter voller Freude, er sagt, dass er „nicht besonders begeistert" war. Doch lebt er inzwischen selbst in einem Landhaus am Rande der Klausur, sämtliche Schreinerarbeiten stammen von seiner Meisterhand.

Begegnet man im Gästehaus oder im Vorhof der Abtei Schwestern, die irgendeiner Arbeit nachgehen, staunt man über die Freude, die sie ausstrahlen. Mit ihren roten Backen unter dem schwarzen Schleier sehen sie glücklich aus. So die Pfortenschwester Jeanne, die auch den Klosterladen betreut. Bücher der Päpste Johannes Paul II. und Benedikt XVI., die Regula, Weisungen der Wüstenväter, afrikanische Kunst aus ihrer dortigen Abtei, Konfitüre, Honig. Sie ist vor 35 Jahren in Jouques eingetreten und hat es nicht bereut: „Wenn ich eine Vanillecreme wähle, dann nicht andere Süßigkeiten", sagt sie. „Es ist wie in der Ehe, man prüft sich, und entscheidet sich nicht für die Erstbeste, so hoffe ich wenigstens ..."

Beim Abendessen bedient uns eine Schwester, nach deren Namen ich vor lauter Staunen nicht gefragt habe. Sie ist wunderschön. Groß, mit einem strahlenden Gesicht, weißen Zähnen, Bewegungen froher Eleganz. Alle Attribute der Geliebten aus dem Hohelied möchte man ihr zutrauen. Vor allem aber eine Reinheit des Blickes, der jede Begehrlichkeit verständnisvoll wegnimmt. An ihrer Klosterkleidung erkennt man, dass sie ihre ewigen Gelübde schon abgelegt hat und bereits seit Jahren hier lebt. Wenn sie mit ihren blauen Augen lächelt, entsteht eine spontane Freude darüber, dass sie es schafft, als schöne Frau eine solch starke Schwester zu sein. Es stärkt auch uns, es ist schön, mit ihr der Kirche anzugehören.

Die Schwestern von Jouques sind ein bemerkenswertes Beispiel für die Rolle der Frauen in der Kirche. Ihre stille Präsenz hat nichts von rebellierenden Forderungen, doch könnte sie kühner kaum sein. Sie setzen ihr Leben ein. Es geschieht in einer Demut, die nicht untertänig, sondern froh ist. Froh bedeutet nicht „happy". Die Dinge des Lebens verhindern jede Illusion. Über den Rücktritt des Papstes Benedikt XVI. waren sie schockiert, doch dann hieß es gleich: „Welch ein Zeichen!" Was sie bewegt, ist nicht ihr Seelenheil, sondern die Rettung der Welt. Über kontroverse Fragen wird eifrig diskutiert. Während sie im Refektorium schweigend essen, liest ihnen die Lektorin die wichtigsten Nachrichten aus der Presse vor. Da ist nur wenig, für das es sich nicht zu beten lohnte.

Die „Liebe Frau von der Treue" bedeutet auch, dass die Abtei von Jouques in einer besonderen geschichtlichen Tradition steht. Bevor sich die Schwestern am Rücken des Sainte-Victoire-Massivs niederließen, lebten sie ursprünglich im Pariser Benediktinerinnen-Kloster in der Rue Monsieur. Nicht ohne Grund befinden sich noch heute in der Abteikirche von Jouques die ehemalige Kommunionbank und ein Portal aus der Pariser Kapelle. Hier kommt eine bedeutende Anhänglichkeit zum Ausdruck, denn das Kloster in der Rue Monsieur hat von 1850 bis 1938, fast ein Jahrhundert lang, eine wichtige Rolle im französischen Geistesleben gespielt. Die sogenannte „Katholische Erneuerung" hatte hier ihren herausragenden Standort. Der Autor Joris-Karl Huysmans bezog im Kloster seinen Wohnsitz. Die Philosophen Jacques und Raissa Maritain bildeten einen Kreis von Intellektuellen, dem u. a. der Dichter Paul Claudel, der spätere Literatur-Nobelpreisträger François Mauriac und der Schriftsteller Julien Green angehörten. Zahlreiche Bekehrungen und Taufen namhafter Künstler fanden in der Rue Monsieur statt. Erst die Ausweisung der Mönche infolge des Gesetzes der Trennung von Staat und Kirche bereitete dem stark beachteten spirituellen Zentrum ein Ende.

Die Kommunionbank der Rue Monsieur wird in der Abteikirche von Jouques noch immer von den Besuchern der Messen benutzt. Eine Holzbank mit kleinen Eisenornamenten, wer mag davorgekniet haben? Neben dem alten Portal befindet sich ein Zitat aus den „Neuen inneren Memoiren" von Mauriac: „Die Benediktinerinnen sangen wie die Engel … im Opfer wurde das Unsichtbare sichtbar. Niemals wurde die reale Präsenz Gottes in meinen Augen realer als in jenen Tagen." Es war ein Ort, heißt es, „wo die Gnade offen wirkte".

Zu den Bekehrten der Rue Monsieur gehörte auch die Künstlerin Geneviève Gallois, deren Bilder den Fluren der Abtei Jouques eine besondere Farbe verleihen. Die Liturgie einer Weihnachtsmesse hatte sie verführt, mit 30 Jahren trat sie ein, leistete jedoch erst 15 Jahre später ihre ewigen Gelübde. Das harte Klosterleben hatte ihrer sensiblen Künstlernatur viel abgefordert. Ein Mäzen von Modigliani überzeugte die Äbtissin davon, ihrem großen Talent freie Hand zu lassen. So entstand ein Werk, das bald starke Beachtung fand: Gemälde, Skulpturen, liturgische Gewänder, Glasfenster. Die Publizistin Marcelle Auclair schrieb über sie: „Was ich bei ihr liebte, war ihre Kraft. Alles in ihr war Kraft: ihr Glaube, ihre Gesichtszüge, ihre Sprache, ihre Kunst." Gegenstand dieser Kunst war das einfache klösterliche Leben. Nonnen im Chor, bei der Obsternte, in der Einsamkeit ihrer Zelle. Oft sind es nur dunkle Konturen, Silhouetten im Dämmerlicht der Kreuzgänge. „Via crucis", Kreuzweg, so heißt eine Serie, in der sie schonungslos das Leiden zeigt, und doch schon eine Spur der Hoffnung auf Rettung. 1958 schrieb sie: „Ich möchte ein Glasfenster noch unbedingt beenden: eine Schwester, die fröhlich zum Himmel auffährt. Wenn das geschafft ist, brauche ich es ihr nur noch gleichzutun." Kurz vor ihrem Tod fasste sie alles zusammen: „Für mich verschmilzt die Kunst mehr und mehr mit dem Leben und das Leben verschmilzt mehr und mehr mit Gott."

Im Gästehaus, dem alten Weinhof von Jouques, hängt ein großes Gemälde von Mutter Geneviève. Die Szene der im Feld arbeitenden Nonne hat nichts von ihrer Aktualität eingebüßt: Ora et labora unter einem schweren Himmel. Mehrmals am Tag hält man beim Vorübergehen inne. Die Faszination glimmt weiter.

Bei unserem Gespräch am Nachmittag hat Schwester Thérèse das Buch „Die Benediktinerinnen der Rue Monsieur" gleich mitgebracht. Wir sitzen in einem Sprechzimmer neben der Eingangspforte. Nahe gegenüber, doch durch ein Gitter getrennt. Es schafft eine Atmosphäre wie bei einem Häftlingsbesuch. Die 63-Jährige schmunzelt, es handele sich um „die Klausur unseres Herzens. Durch unsere Gebete sind wir mit der ganzen Welt verbunden".

Die Schwester mit der runden Nickelbrille wusste schon als kleines Mädchen, dass sie in ein Kloster eintreten würde. Sie stammt aus Lyon, wo es damals zahlreiche Ordensleute gab. Die kuriose Kleidung hatte es ihr angetan. Doch es war keine Laune, „der Herr meinte es ernst". Die Eltern versuchten, ihr diese Pläne auszureden. Sie hatte keine Eile und musste noch lernen zu kämpfen. Die Studentenrevolte von 1968 berührte sie kaum. Erst mit 24 Jahren gab sie ihren Beruf als Buchhalterin auf und begab sich, nach dem Rat eines Priesters, zu Einkehrtagen nach Jouques. „Ich kannte keine Klöster, aber es gibt Gewissheiten, die man nicht erklären kann, es ist geheimnisvoll."

Als sie 1974 eintrat, waren, bei aller Entschlossenheit, die inneren Kämpfe nicht beendet, sie sagt jedoch: „Es waren gesunde Kämpfe. Wenn man vom Herrn getragen wird, ist alles schön." Probleme bestanden an sich nur in den kleinen, alltäglichen Dingen, so wie in einer Ehe. Ein falsches Wort, ein schräger Blick, Missverständnisse, schlechte Laune. „Man lässt nicht alles an der Pforte zurück. Ich habe mich meiner Namenspatronin, der heiligen Therese vom Kinde Jesu, anvertraut. Da lernt man, dass die kleinen Konflikte eine reinigende Kraft besitzen."

Wenn sie spricht, enden ihre Worte stets beim Herrn. Le Seigneur – da gibt es keine Erklärungen. Nichts anderes als eintauchen in die Intimität seines Mysteriums. Nur noch die Liebe zählt. Im Umgang mit den Schwestern, bei der Arbeit, im Schweigen. „Die Stille schützt uns vor dem Stress, man spürt den Frieden, die Präsenz Gottes. Nichts kommt von uns." Um von dieser Haltung Zeugnis abzulegen, bedarf es der Demut: „Nur da sein: Er ist es, der sich gibt. Wir sind Arme." Und zum Abschied noch ein paar Worte, die ihr eine 25-jährige Novizin eines Karmel-Klosters geschickt hat: „Unsere Unmöglichkeiten sind die Möglichkeiten Gottes."

Dann steht sie auf und schließt lächelnd die Tür hinter sich. Ich bin allein im Sprechzimmer und blicke auf das Gitter. Es war durchlässig, als sie redete. Jenseits der Holzstäbe beginnt eine andere Welt.

Die Schwestern haben die Klausur diskret angelegt. Kein Sperrbezirk, sondern eine sanfte Grenze mit Zäunen und Hecken. Dennoch wachen zwei Schäferhunde über das Gelände, die Gegend ist unsicher. Wenn es bald zu blühen beginnt, liegt die Abtei in einem großen Garten. Die Kirche ockergelb; hohe Wände, auf denen die Sonne spielt. Hier herrscht einfach ein Friede, der alle Vergleiche liturgischer Differenzen mit der Außenwelt aufhebt. Die „Treue", die hier Tag und Nacht gelebt wird, reicht hinab bis in die früheste benediktinische Tradition. Wer eintritt, weiß: Hier gilt die Regel, Punkt. Dahinter beginnt die Freiheit. „Der Raum eines Klausur-Klosters", so hat eine Schwester geschrieben, „reicht bis zu immensen Horizonten, denn sie sind offen für die Liebe Gottes, der jedes Geschöpf umarmt."

Das Kloster der fünfzig Schwestern von Jouques ist keine Bastion katholischer Orthodoxie. Die Konzilstexte, vor allem über die Liturgie und die Pastoralkonstitution „Lumen Gentium", werden vertieft. Experten des gregorianischen Chors von Paris erteilen Unterricht und verweisen nachdrücklich auf die Bedeutung des Textes – ohne ihn verliere der Gesang seine Seele. Ein Dominikaner aus Marseille hält Studientage über die Herausforderungen der Moraltheologie. Der Abt von Saint-Wandrille spricht über „Trauer, Überdruss und ihre Heilmittel". Der Rektor des „Institut Catholique" in Toulouse hält vier Vorträge zum Thema „Die paulinische Vision des Glaubens". Zum Fest des heiligen Benedikts feiert der Apostolische Nuntius die Messe. Kardinal Panafieu sagte: „In dieser kargen Erde der Provence ist die Abtei wie eine Quelle." Wein und Oliven, es ist eine biblische Landschaft. So auch die Symbolik des Wappens: ein auf dem Kopf stehender Baum, die Wurzeln himmelwärts. Von oben erhält er alle Kraft.

Die Treue bedeutet auch eine innere Stabilität der Gemeinschaft, die keine Nachwuchssorgen kennt. Wegen der Überzahl wurden in Mosan (Alpen) und in Pèporiyakou (Benin) zwei neue Klöster gegründet, die ebenfalls florieren. Inzwischen ist die Abtei auch im Internet präsent. Große Bauvorhaben stehen an: ein neues Gästehaus, ein Empfangstrakt und die Bibliothek mit einem Computer-Katalog. Die Äbtissin, Mutter Teresa, hat in einem „Brief an die Freunde" über diese Tätigkeiten und Projekte berichtet. Es ist ein Dokument elanvollen Lebens.

Joelle, meine Tischnachbarin, hat nach anfänglichen Anpassungsschwierigkeiten zu sich selbst gefunden. Man spürt, wie wohl sie sich fühlt. So hatte sie sich das Leben im Gästehaus eines Klosters nicht vorgestellt. In aller Stille bereitet sie sich auf ihre Taufe vor. Nach einem Gespräch mit Schwester Thérèse stehen ihr die Tränen in den Augen. Dann zündet sie in der Kirche sieben Kerzen an. Schon früh am Morgen spaziert sie durch die Felder und sagt mir beim Frühstück: „Ich habe gebetet."

Stille am Nachmittag. Etwas Wind in den Zweigen der Pinien. Die Ölbäume im Silberglanz. Weiße Wolken am blauen Himmel. Zwei Schwestern machen Hausputz und tragen einen Tisch nach draußen, der Frühling ist da. Der „Piusbruder" sitzt in der Sonne und liest. Jetzt erst fällt auf, dass er Turnschuhe trägt, das macht ihn sympathischer. Die Kirche ist so leer, als wolle niemand etwas von ihr wissen. Viel Raum für neuen Atem, Raum für Sehnsucht nach dem Wesentlichen.

Kapitel 4

Sturm über Le Barroux

Von Carpentras sind es nur noch wenige Kilometer. Jenseits des Schlosses liegt die Abtei. Der Postbote winkt, immer geradeaus. Die Landstraße gleicht einer Startbahn, die an eine Wand führt. Ein legendärer Berg steht im Weg, 1912 Meter hoch: der Mont Ventoux, wo sich die Stürme sammeln. Wohin man auch blickt, nichts als mächtiges Gebirge, auf dessen Gipfel sich eine weiße Kalkschicht abhebt. Es gleicht einer Schädelstätte. Von hier aus kann man zugleich die Alpen und das Mittelmeer sehen. Für die Kelten war der Mont Ventoux ein heiliger Berg. Die Bewohner der Vaucluse fürchten noch immer seine Launen, fast andächtig säumen ihre Höfe den Weg. Für alle „Bergkönige" der Tour de France bleibt er ein Mythos. Der Radprofi Tom Simpson ist oben, kurz vor dem Ziel, tot zusammengebrochen.

Kommt man zur Abtei Sainte-Madeleine du Barroux, häufen sich die Hinweisschilder mit Mahnungen zur „Stille". Zwischen Busch und Baum schlängelt sich der Weg weit hinauf, die Einsamkeit wird größer. Das Kloster ist weiträumig von den Parkplätzen abgeschirmt. Es geschieht in benediktinischer Milde, niemand wagt zu widersprechen. Gepflegte Beete, Blumen, Rasenflächen. Der Klosterladen ist so groß, dass er drei Mönche beschäftigt. Ihre Tonsur fällt gleich auf. Zwischen den Öl- und Weinflaschen und den Bücherbergen weht ein Hauch Mittelalter. Man glaubt Brüder aus der Zeit Benedikts zu sehen, Szenen kalligrafischer Handschriften aus dem Skriptorium oder die Gefäße der Alchemie. Das Literaturangebot bietet ein starkes Spektrum aus Tradition und Schönheit lateinischer Liturgie: das Missale und Tagzeitenbuch des monastischen Breviers, die Schriften des kühnen Gründerabtes Gérard

Calvet, Romane von Alexander Solschenizyn, Werke der Päpste Johannes Paul II. und Benedikt XVI., Biografien der Mystiker und des polnischen Märtyrers Jerzy Popiełuszko, Gedichte von Claudel und Studien über Exorzismus und die Bedeutung des Skapuliers. Die Masse der Bücher wirkt wie eine Bastion aufgeklärter Orthodoxie, da und dort auch politisch riskant, eine Phalanx des Konservativen auf hohem Niveau.

Spätestens jetzt ist unverkennbar, dass ich eine andere Welt betreten habe. Der Eindruck verstärkt sich am Portal der Kirche. Die Mahnungen sind höflich, aber unmissverständlich. Zur Kommunion sind nur Katholiken zugelassen, die sich im Zustand der „Freundschaft mit Gott" befinden, andernfalls bedarf es einer Lossprechung. Notwendigkeit der Nüchternheit eine Stunde vor der Messe; Empfang der Hostie auf den Knien und auf der Zunge; weder Dekolletés, freie Schultern noch kurze Hosen.

Beim Betreten der Kirche herrscht Halbdunkel, an das man sich erst langsam gewöhnt. Mauern und Säulen streng und rein wie in der Zisterzienserarchitektur. Beter knien über ihre Bücher gebeugt. Niemand blickt auf, als der Fremde eintritt. Junge Frauen tragen ein Kopftuch. Spannende Stille; das Heilige ist nahe; vielleicht ist es auch der Heilige. Der Mönchschor in militärischer Strenge, erst am Hochaltar spärliche Ornamente. An hohen Ketten hängt ein zugleich gekreuzigter und auferstandener Christus. Die Gestalt erinnert mich an einen Brief von Silja Walter aus der Karwoche 2007: „Hängen mit dem Herrn, das ist alles." Der Tabernakel bleibt zur Fastenzeit violett verhangen. In der Apsis das matte Licht eines Fensters. Auf dem Altartisch ein Kreuz und zwei Kerzen. Noch ein Hauch Weihrauch in der Tiefe des Raumes.

Dann betreten drei Mönche die Kirche und begeben sich, vor dem Ewigen Licht niederkniend, zu beiden Seiten des Chorraums, wo sich die Stränge der Glocken befinden. Es fällt auf, dass sie sehr groß sind und sich mit ihrer Tonsur und den schwarzen Kukullen fast gleichen. Im gemeinsamen Rhythmus ziehen sie mit energischen Griffen die Seile. Es bedarf der Anstrengung, bis der erste Schlag erfolgt. Ihre weiten Ärmel fallen zurück und man sieht die nackten Arme. Die Szene ist spannend: Kraft und Einsatz vor Anbruch des Abendgebetes. Die Glocken nehmen Fahrt auf, wechseln den Klang. Sturmgeläut über den Dächern von Le Barroux. Für die Verspäteten eine gnädige Zugabe.

Vor der Fahrt in die Abtei eine Hotelnacht in Malaucène, einem Kaff unweit von Vaison-la-Romaine. So nah am Ventoux, man sieht den Gipfel nicht mehr. Habe mir ein Buch des vor vier Jahren verstorbenen Abtes Dom Gérard gekauft: „Morgen die Christenheit", eine Gewitterschrift gegen atheistischen Laizismus, Vormarsch des Islam und Materialismus. Der kämpferische Mönch fordert „den hohen Preis von Heldentum und Opfer". An der Theke unterwandern die Stammkunden mit einem Stummel im Mundwinkel das Rauchverbot. Auf dem Bildschirm die Niederlage von Olympique Marseille in Brest. Der Wirt stellt mir ein Bier auf den Tisch und schielt in das Buch. Im Vorspann schreibt der Philosoph Gustave Thibon: „Ich weiche nicht zurück vor dem was war, ich steige auf zu dem was bleibt."

Mehr als 60 Mönche betreten die Kirche im Gänseschritt, allen voran der Abt mit Brustkreuz. Die Langsamkeit bedeutet Sammlung, ein Gleiten wie diskretes Abheben zu einem liturgischen Tanz. Ohnehin ist alles Choreografie, was jetzt geschieht. Das Wegtreten aus den beiden langen Reihen in einer Rückwärtsbewegung, die Verbeugungen, das Niederknien der Zuspätgekommenen vor dem ehrwürdigen Vater, der sie nachsichtig segnet. Der Auftakt der Vesper beginnt, wie jedes der sieben Stundengebete, mit einem Hilferuf: „Gott, in Gnaden stehe mir bei. Herr, eile mir zu helfen." Ein Geständnis, niemand möge sich täuschen über seinen wahren

Zustand. In lateinischer Sprache sind die Psalmen geschliffener, ihre Verse kommen aus der Tiefe der Zeiten, ihr Flehen, Bitten und Danken bedarf keiner Retuschen. Der gregorianische Choral geht auf leisen Sohlen ins Herz. Hier ist noch einmal ein Raum, um in der Winterzeit der Kirche zu bestehen. Das Unsagbare gegen die Leere des Lauten.

Der Gastpater Paul hat mir die Zelle mit dem Namen „Elias" zugewiesen. Er lässt sich Zeit mit seinen Fragen, wie bei einem Verhör. Ein kahler Schädel, nur die Priester tragen Tonsur, das Zeichen der Dornenkrone. Der Gästetrakt ist von schlichter Schönheit. Ich liebe die Geschichte aus dem 1. Buch der Könige, in der Elias aus seiner Höhle tritt und Gott weder im Sturm, im Erdbeben noch im Feuer hört, sondern in einem „verschwebenden Säuseln". Es ist die Erscheinung des leisen Gottes, der sich nicht aufdrängt und an der Schwelle zur Stille leise deinen Namen ruft.

Das Beste dieser Zelle ist ihr Fenster. Rechts Dach und Turm der Kirche, links die sanft in den Bergwald übergehenden Weinberge, die schon Knospen treiben. Darüber, wie ein Phantom, der Ventoux. Oben erkennt man die Kalkwand und das Observatorium, ein faszinierender Blick. Das Bett ist bereitet, ein Tisch, zwei Stühle. Auf dem Bücherbrett das Neue Testament, die Regel des hl. Benedikt, ein Missale und die „Nachfolge Christi" des rheinischen Mystikers Thomas von Kempen. Darüber ein großes rotes Kreuz, wie in Blut getränkt.

Gegen Mittag kommt Wind auf, sausend über die Dächer. Bruder Paul im blauen Arbeitshabit sagt: „Der Mistral hat sich erhoben." Noch habe ich keine Ahnung, was es bedeutet. Vor dem Essen wird jeder Neuankömmling am Eingang des Refektoriums namentlich dem Abt vorgestellt. Man reicht ihm einen großen Wasserkrug, es folgt die Geste der rituellen Händewaschung. Zu beiden Seiten des Speiseraums warten die Mönche, die Gäste nehmen in der Mitte

Platz. Nach dem Gebet beginnt ein Lektor recto tono am Lesepult mit der Lesung aus einem Werk der französischen Geschichte. Von Bernhard von Clairvaux, Pierre Abélard und Richard Löwenherz ist die Rede, hohes Mittelalter, Blütezeit. Vorspeise, Hauptgericht, Käse wie in einem Landgasthof. Dezentere Portionen und Weinabstinenz an den Mönchstischen. Der Abt sitzt mit seinen Stellvertretern auf einem Podest unter dem rotweißen Klosterwappen mit Berg und Taube. Seine Tonsur blond, große Augen, rötliches Gesicht, eine imposante Gestalt. Beim Auszug ziehen die Mönche, zum Schutz gegen die Kälte, ihre Kapuzen über den Kopf. Singend verschwindet die lange Reihe im Kreuzgang.

Die Abtei Le Barroux wenn der Abend naht. Der blasse Halbmond steht schon über dem Ventoux. Bruder Jean hat seine Motorsäge abgestellt. Der heftige Wind wandelt sich zum Sturm. Rebellierend rüttelt er an Türen und Fenstern, treibt Staub und Steine vor sich her. Die Zypressen auf dem Klosterhof beugen sich hin und her; man glaubt, jetzt brechen sie. Trockene Kälte, als tobten oben auf dem Gipfel die Geister der Kelten. Die Abtei steht wurzelfest.

17.30 Uhr Vesper, Stunde der Dämmerung, Zufluchtsgebete. Ein Novize liest die Einleitung aus dem 2. Korintherbrief: „Gepriesen sei der Gott und Vater Jesu Christi, unseres Herrn, der Vater des Erbarmens und Gott allen Trostes."

Fastenessen der Mönche, jeder geht nach Gutdünken. Im Refektorium sieht man sie von ganz nahe: strenge Gesichtszüge, Zeichen innerer Kämpfe, klösterliche Blässe. Léon Bloy schrieb, es gebe nur diese eine Traurigkeit, „kein Heiliger zu sein".

Niemand liest vor. Manche nehmen bloß einige Salatblätter und einen Schluck Wasser. Bald beginnt das vom hl. Benedikt vorgeschriebene „große Schweigen". Erst um 3.15 Uhr läuten wieder die Glocken zur Nachtvigil.

Arbeitszeit im Kloster: Bruder Theodor mit Helm, Maske und Ohrenschoner zerhackt Äste, ein Novize sortiert Bettwäsche, Bruder Paul bohrt in Bücherbrettern. Am Mittag hat der Mistral nachgelassen, er zieht sich hinter dem Ventoux fauchend zurück ins Rhônetal. Lektüre von Kapitelansprachen eines anonymen Kartäusers über Johannes den Täufer. Es passt in die Fastenzeit, bange Frage aus dem Kerker: „Bist du es, der da kommen soll, oder müssen wir auf einen anderen warten?"

Dann klopft Pater Henri leise an die Zellentür. Der 50-Jährige hat lange Jahre gebraucht, bis er sich für das Mönchsleben entschieden hat. Obwohl mit dem Abt Dom Gérard familiär befreundet, zögerte er. Zehn Semester studierte er bereits an der Universität von Toulouse Medizin. Er fühlte sich durch die lateinische Liturgie angezogen und besuchte 1986 zwei Jahre in Flavigny das Seminar von Monsignore Marcel Lefebvre, der im Sommer 1988 spektakulär mit der Kirche brach. Zuletzt war Kardinal Joseph Ratzinger in die Schweiz gereist, um die Trennung noch zu verhindern. Doch scheiterte die Mission; der Rebell zog seine Unterschrift zurück. In dieser schwierigen Zeit rang der junge Henri vor dem Hintergrund eines liturgischen Schismas mit seiner Berufung. Dann trat er 1989 in das Noviziat der Abtei Le Barroux ein, die sich von Rom nicht trennen wollte.

Zwei Dichter und Denker, der Schriftsteller Antoine de Saint-Exupéry und der Philosoph Gustave Thibon, haben seinem Suchen eine Wende gegeben. Thibon schrieb über die Gottsuche: „Allein die Anziehungskraft des Zieles reicht, um zum Weg durchzubrechen." Mehr noch hat ihn Saint-Exupéry in dem Buch „Die Stadt in der Wüste" berührt: „Du kennst sie, deine Berufung, denn du spürst, wie sie auf dir lastet. Und wenn du sie preisgibst, verunstaltest du dich selber, aber du kannst gewiss sein, dass deine Wahrheit langsam wachsen wird, denn sie ist Geburt eines Baums und nicht glücklicher Fund einer Formel. Es kommt dabei vor allem auf die Zeit an, denn du sollst ein anderer werden und einen schwierigen Berg ersteigen. [...] Deshalb habe ich stets um des Menschen willen Langsamkeit und Stille als allzu vergessene Götter geehrt."

Henri hat das Noviziat als „hart und bitter" empfunden. In der Kirche herrschte Krisenzeit, im Kloster auch. Bevor er eingekleidet wurde, starb sein Vater an Krebs. Die asketischen Anforderungen der Regel lasteten schwer; der Novizenmeister führte ein militärisches Regime. 1991 folgten die einfachen Gelübde, 1994 die ewigen. Ein Jahr später die Priesterweihe: Sie war sein erster Ruf, die Liebe seines Lebens, die ihn erfasst hat wie ein Überfall.

Im Rückblick schmunzelt der Mönch, der anschließend im Kloster Krankenpfleger, Lehrer der Heiligen Schrift, Organist und Gärtner war: „Der Herr ist etwas rau mit mir umgegangen."

Kurze Fahrt in die Abtei der Verklärung. Vierzig Nonnen leben hier im Stil der Observanz von Le Barroux. Die Schwestern absolvieren ihre jährlichen Exerzitien. Noch größere Stille, kein Mensch weit und breit. An der Pforte strenge Hinweise auf die Besonderheiten: „Die Schwestern empfangen keine Besucher." Heute Erneuerung der Gelübde. Vom Nonnenchor ist nur ein Teil sichtbar, vor dem Altarraum hohe Gitter. Mehr als bei Mönchen gilt hier die Klausur als Sperrbezirk. An den Säulen und Wänden viele Engelmotive. Himmlisches Jerusalem.

Dann plötzlich näher kommender Gesang, die Prozession der Gemeinschaft zieht in die Kirche ein. Schwarzes Habit, weiße Schleier der Postulantinnen, die Äbtissin zuletzt, eine Novizin schließt die Tür. Nach dem Ende der Litanei verlassen sie die Kirche in umgekehrter Reihenfolge. Kein Blick für den Fremden im Seitenschiff.

Später kehrt eine junge Schwester zurück, einsame Beterin im Chorgestühl. Vielleicht betet sie auch für mich. Wie mag das sein, vierzig Frauenbiografien? Wohin mit den Leidenschaften? Erinnerung an den Bernanos-Film „Die Letzte am Schafott". Die Oberin sagt vor der Hinrichtung zur Jüngsten: „Lass uns gehen, mein Kind."

Erst im Juni 1989 hat der Vatikan der Abtei Le Barroux ein kanonisches Statut gewährt. Die ehemalige Verbundenheit mit Bischof Lefebvre bewirkte quälende Zweifel. Nach der Trennung von den Traditionalisten von Ecône zogen sich die betuchten deutschen Spender zurück. Die neue Kirche stand mitten im Bau. Die politischen Stellungnahmen von Dom Gérard zugunsten der Wiedereinführung der Monarchie in Frankreich erinnerten manche an Charles Maurras und die nationalistische „Action française". Dennoch zog es viele junge Männer in die Abtei. Papst Johannes Paul II. empfing 1990 eine Delegation der Mönche in einer Privataudienz, die Spannungen hatten sich endgültig gelegt. Abt Gérard sagte: „Es liegt nur an uns, jeden Tag im Paradies zu erwachen." Nach seinem Tod haben sie den Pionier und Verehrer der Jungfrau von Orléans hinter dem Altar beigesetzt.

Pater Henri gehört zu einer Generation, die alle Herausforderungen in der Abtei miterlebt und erlitten hat. Die Wogen sind geglättet, man ist trotz liturgischer Verschiedenheit in der Konferenz der französischen Benediktineräbte wieder aufgenommen worden. Mit Gästen pflegt der Mönch große Freundschaften. Lächelnd sagt er: „Ich habe in den letzten Jahren mit Menschen, die nicht unser Charisma teilen, wunderbare Dinge erlebt; Verbindungen über alle Unterschiede hinaus; Erlebnisse, die ich nicht einmal meinem Abt erzähle. Es bleibt allein zwischen dem Herrn und mir."

In der Frühe rückt der Ventoux näher. Nach dem Mistral haben sich ihm die Hügel versöhnlich angeschmiegt. Erste Sonne über den Weinbergen, silbernes Flirren in den Olivenbäumen. In der Laudes schwebt im gregorianischen Choral die Schöpferlust.

Pater Henri erwähnte gestern die dem Christentum nahestehende Denkerin Simone Weil: „Verwurzelung birgt Wunderbares, der Gegensatz zwischen Vergangenheit und Zukunft ist absurd."

So gehe ich von hier in einer seltenen Freude. Le Barroux ist eine stille und kämpferische Abtei. Das von den Preisgebern belächelte Abendland zeigt im Schatten des magischen Berges noch einmal seine ursprüngliche Kraft und reine Schönheit. Das Alte leuchtet jugendlich. Hier ist einer der letzten Orte, uns die Furcht vor der tobenden Welt zu nehmen.

Kapitel 5

Ein Meister aus Solesmes

Ich kam zu spät nach Solesmes, um noch das Sonntagshochamt zu besuchen. So war Zeit, draußen die kleinen Details der Eingangszone zu beobachten. Am Kirchenportal ein Hinweisschild mit der Bitte, Handys auszuschalten und Shorts und freie Schultern zu vermeiden. Freie Schultern, das ist die diskrete Bezeichnung der Mönche. Um zum Klosterfriedhof zu gelangen, bedarf es einer Geheimzahl. Im Innenhof kahle Bäume, Herbstlaub treibt über den Kies. Die Toiletten sind sauber. Da und dort noch etwas Gartengrün. Im Buchladen eine leichte Vorliebe für Kirchentreue: viel Ratzinger, dann sein Vorgänger, der selige Johannes Paul, der Prozess von Jeanne d'Arc, der Gründungsabt Prosper Guéranger, Mutter Teresa, Edith Stein, der christliche Philosoph Josef Pieper, aber auch die Dichter der „katholischen Erneuerung" aus der ersten Hälfte des 20. Jahrhunderts: Péguy, Claudel oder Bernanos. Schließlich die Gesamtausgabe von Julien Green und die frühen Werke des amerikanischen Trappisten Thomas Merton. In den Vitrinen nicht besonders geglückte Devotionalien, jedoch großformatige Poster gregorianischer Antiphonare und die CDs mit den weltweit geschätzten Gesängen aus dem Mönchschor.

Der Gesamteindruck ist züchtig, recht päpstlich, mit unverkennbarer Sympathie für bewährte Autoren. Alles von Gesang verklärt. Das Wort „Solesmes" klingt sensibel. Papst Paul VI. hat den Mönchen die Erlaubnis erteilt, diese „Tradition der Würde, Schönheit und Ernsthaftigkeit" zu bewahren. Papst Johannes Paul II. bekräftigte ihren Rang als „eminent wichtig". Benedikt XVI. kehrte zur lateinischen Liturgie zurück.

Neben dem Klosterladen befindet sich ein Ausstellungsraum mit den Daten der Abteigeschichte und Szenen aus dem mönchischen Leben. Es sind Bilder älteren Datums, doch überraschen ihre auf den Grund gehenden Erklärungen. So ist die „Kukulle", die von den Mönchen im Chor getragen wird, nicht nur ein Teil ihres Habits, sondern unterstreicht ihr völliges Umfangensein von Christus. Sie ist sogar ein Teil der Klausur, mehr noch, ihr „Abschluss". Nichts bleibt dem Zufall überlassen.

Selbst die Gäste, die heute nach Solesmes kommen, scheinen einer besseren Schicht anzugehören. Manche Damen tragen Schleier. Die Bauernburschen aus dem Dorf besuchen die kürzere Messe in der benachbarten Pfarrkirche. Man sieht ausländische Nummernschilder. Vor der Abtei befindet sich ein Drei-Sterne-Grandhotel mit einem Saison-Menü für 37 Euro.

Das Mittagessen im Refektorium der Mönche ist bescheidener. Bruder Michael, der amerikanische Gastpater, führt uns über verwinkelte Kreuzgänge dorthin. Die Neuen werden dem Abt vorgestellt: Dom Philippe Dupont, 1992 zum sechsten Abt von Solesmes gewählt. Ein lockerer, sympathischer Mann. Als er hört, dass ich aus Belgien komme, erwähnt er gleich die Benediktinerabtei Maredsous über dem Maastal, die sich im frühen 20. Jahrhundert der „Liturgischen Bewegung" aus Solesmes angeschlossen hat. Erstes Signal der Aufbruchzeit vor dem Konzil. Dann wäscht er mir die Hände. Kaltes Wasser perlt auf den Fingern, uraltes jüdisches Reinheitsritual.

Der Speisesaal wird von fünf mächtigen Säulen getragen. Hinter den gedeckten Tischen zwei lange Reihen schwarzer Mönche, die sich ihre Servietten in den Kragen gesteckt haben. Der Abt allein in der Mitte am Kopfende. Novizen in langen Schürzen bedienen. Es gibt Wasser und Wein, Fleisch und Gemüse. Vom erhöhten Pult trägt der Lektor aus einem Buch über die Konzilsgeschichte vor.

Der Vorgänger des Abtes, Dom Jean Prou, gehörte als Konzilsvater zur streng-konservativen Minderheit um Erzbischof Marcel Lefebvre. Auf ein Klopfzeichen hin verlässt die Gemeinschaft den hohen Raum. Ihr Gesang schallt durch die Gänge. Dann beginnt das Gebet der sechsten Stunde.

Das Abteigebäude erhebt sich hoch über dem Fluss Sarthe. Spiegelglatt zieht er vorüber und leuchtet in der scheuen Herbstsonne. Langsam und feierlich, dem gregorianischen Gesang verwandt. Manchmal meint man es sei ein See, nur ein „Cordon sanitaire", der sich zwischen das Kloster und die „Welt" geschoben hat. Die mächtige Front auf der Anhöhe über dem stillen Wasser erinnert an den Palast der Päpste in Avignon und an die Klosterfestung des Mont-Saint-Michel. Auch hier die Gezeiten der Baugeschichte, die vom Mittelalter bis ins frühe 20. Jahrhundert reichen. Auch hier eine Spur päpstlicher Macht, die den Reformator, Abt Guéranger (1805–1875), bei seinen langen Rom-Aufenthalten inspiriert hat. Sein Porträt zeigt einen entschlossenen Mann mit leuchtenden Augen und dem Abtkreuz über den Falten seiner Kukulle. Aus einem verarmten Kloster hat er eine weltbekannte Abtei gemacht. Mit Unterstützung einflussreicher Mäzene und Prälaten des Heiligen Stuhls errichtete er „ein Zentrum des Gebetes und des Studiums im Dienst der Kirche". Doch war es vor allem seine Absicht, das lateinisch gesungene Offizium allen intellektuellen Ambitionen voranzustellen.

Im Mittelpunkt der Reform stand die Liturgie römischen Ursprungs, die in Frankreich zugleich als antik und modern empfunden wurde. „Cantate domino canticum novum" – Singt dem Herrn ein neues Lied. Die Abteien Maredsous (Belgien) und Beuron (Deutschland) haben diesen Stil übernommen und den gregorianischen Choral in seiner alten Reinheit aus der Zeit des späten Altertums wiederaufleben lassen. Guéranger besaß die Wertschätzung von Papst Pius IX., der ihm vorbereitende Studien zu den Dogmen der Unbefleckten Empfängnis und der päpstlichen Unfehlbarkeit anvertraute. Die Nähe zum Vatikan ist bis zum heutigen Tag in Solesmes spürbar. Unten im Gotteshaus hat Guéranger eine Statue des hl. Petrus aufstellen lassen. Wuchtig und nicht zu übersehen.

Messfeier an einem einfachen Wochentag in der Abteikirche: Die Farbe der Gewänder ist grün, darauf ein schlichtes Silberkreuz. Paramente von feiner Hand entworfen, sie zählen zum Gesamtkunstwerk und bilden die Ouvertüre. Ziehen die Mönche die weißen Kapuzen über, wirkt es wie eine Verschwörung, gerüstet für jede Gefährdung. Der gregorianische Gesang steigt auf wie der Weihrauch über dem Altar. Dahinter ein Fresko auf- und absteigender Engel, schon etwas „himmlisches Jerusalem" und geheime Offenbarung. Möchte man diese sakrale Choreografie auf den Punkt bringen, würde man sagen: Annäherung an das Mysterium. Jeder Schritt, jede Bewegung macht Sinn. Die Schola sammelt sich in der Mitte des Chores um den Dirigenten, ein junger hochgewachsener Mönch, der mit sanften Schwüngen den Ton angibt. Doch geschieht es diskret, sie ziehen sich bald wieder in ihre Reihe zurück, als wäre sie ein Versteck.

Das Kirchenschiff ist eng und tief, es schafft eine seltsame Distanz, als dürfe man sich dem Heiligtum nur vorübergehend nähern. Auch das macht den Stil von Solesmes aus: strenge Konzentration auf das Eigentliche. Es ist in der Stille verborgen und der schwebende Gesang nur ihre Fortsetzung mit anderen Mitteln. Gregorianische Langsamkeit wie ein Echo aus dem Dunkel der Jahrtausende. Priesterliche Zelebranten, Lektoren, Weihrauchschwenker als Hauptdarsteller eines klassischen Dramas. Der Mönchschor als Widerhall, zugleich mächtig und leise.

Beobachtet man die spärlichen Szenen der sich verbeugenden und erhebenden 60 Männer, entsteht der Eindruck, dass einer dem anderen gleicht, vor allem die Alten. So, als seien ihre

Gesichtszüge im Laufe von Tausenden Offiziums-Stunden in der langen Enge dieser Kirche ineinander verschmolzen. Eine Familie, deren Brüder sich gleichen. Gefeilt, wie man Holz feilt, geschliffen wie der Stein all jener Skulpturen, die in den Seitenaltären glänzen. Hier ist nichts, das nicht in das große Ganze eingefügt wäre. Die Übergänge sind fließend. Selbst bei den Jubelgesängen „Gloria" oder „Sanctus" ist die Freude zurückhaltend. Es herrscht die Atmosphäre versunkener Aufmerksamkeit. Nur die Lesungen werden in Französisch vorgetragen. Heute die erschütternde Passage aus dem Philipperbrief: „Er war Gott gleich, hielt aber nicht daran fest, wie Gott zu sein, sondern er entäußerte sich und wurde wie ein Sklave ..."

Solesmes als eine Kulturabtei zu bezeichnen, wird den Mönchen, die hier „unter einer Regel und einem Abt" ein Leben der Gottsuche führen, nicht gefallen. Doch ist unbestreitbar, dass im Laufe der letzten Jahrhunderte zahlreiche Künstler und Schriftsteller diese Abtei als Zufluchtsort ausgesucht haben. Seit Guéranger gab es eine Reihe charismatischer Äbte, die sich keineswegs in ein gregorianisches Biotop zurückzogen, sondern sich den Zweifeln ihrer Zeit stellten. Es entstanden Freundschaften zwischen Mönchen und Kunstschaffenden und Denkern, die auf deren Werke abfärbten und bis heute Spuren hinterlassen haben. Mehr als nur ein Stück abendländischer Kulturgeschichte, sondern dramatische Glaubenssuche vor Anbruch der Kriegskatastrophen.

Die Jüdin Simone Weil, die heute in der spirituellen Literatur neu entdeckt wird, kam in der Karwoche 1938 nach Solesmes und schrieb unter schweren Kopfschmerzen: „Nur eine extreme Anstrengung erlaubte es mir, aus diesem miserablen Fleisch hinauszutreten, es alleine leiden zu lassen, zusammengekauert in seiner Ecke, und in dem außergewöhnlichen Gesang und in den Worten eine reine und perfekte Freude zu finden. Diese Erfahrung hatte zur Folge, durch Analogie, die Möglichkeit die göttliche Liebe durch das Unglück zu lieben, besser zu verstehen. Es ist selbstverständlich, dass durch dieses Heilige Offizium, das Gedenken der Passion von Christus mich ein für alle Mal erfasst hat." Von diesem Moment an las sie jeden Tag das Evangelium im griechischen Urtext.

Im Mittelpunkt dieser Hinwendung nach Solesmes und zahlreicher Bekehrungen stand das Ehepaar Jacques und Raïssa Maritain, die in der Nähe ein Landhaus besaßen und von dort aus Künstler und Dichter in die Abtei führten. Die Briefe, die der thomistische Philosoph an befreundete Mönche schrieb, um in Not geratenen jungen Dichtern zu helfen, sind ergreifend. Der Nobelpreisträger François Mauriac schrieb über die Maritains: „Sie hoben die Verletzten und Sterbenden wieder auf und heilten sie, manche in einer Art Auferstehung … Er und Raïssa waren Kontemplative mitten in der Schlacht. Sie besaßen Gott im Überfluss, doch gaben sie den Drogensüchtigen der Literatur ihr Leben."

Der in Deutschland neu verlegte Romancier Joris-Karl Huysmans („Tief unten") schrieb im Oktober 1896 in einem Brief: „Wie leer erscheint mir Paris seitdem ich zurück bin. Tatsächlich wachsen in Solesmes dem Herzen Wurzeln, ohne dass man es spürt, erst wenn man nicht mehr da ist, wird es offenbar."

Der Philosoph der Tat, Maurice Blondel (1861–1949), gedachte des verstorbenen Abtes Paul Delatte mit den Worten: „Ich schließe mich den Gebeten und dem Dank für den heiligmäßigen Mönch an, dem ich seit 1844 viele bedeutende Ermutigungen verdanke. Dies in einer Klarheit und Courage, für die andere vier Jahrzehnte brauchen." Er bezeichnete Solesmes als „bevorzugtes Heiligtum unserer Lieben Frau der Künste".

Der von Ernst Jünger geschätzte, rebellische Schriftsteller Léon Bloy (1846–1917) äußerte gegenüber Abt Guéranger den Wunsch, ins Kloster einzutreten: „Ich liebe nicht die Welt und ihre Sprüche. Die gegenwärtige Zeit macht mir besonders Angst … In einem solchen Milieu betrachte ich den menschlichen Glanz als wahrhafte Prostitution."

Paul Claudel, der Dichter des „Seidenen Schuhs" notierte am 22. März 1936 in sein Tagebuch: „Solesmes in der Nacht unter einem herrlichen Sternenhimmel. Um vier Uhr aufgestanden. Vigil und Laudes. Die Messe in rosa Gewändern. Die alten Mauern, die Äste der Pfirsichbäume. Schieferdächer. Die Krypta. Das Grab von Dom Guéranger. Im Kreuzgang eine Madonna, Unsere Liebe Frau von Galiläa."

Auch agnostische Autoren zog es in einer Sehnsucht nach katholischem Glauben nach Solesmes: Paul Valéry, der „Mystiker ohne Gott", und der Schriftsteller Henry de Montherlant („Erbarmen mit den Frauen"). Sie suchten die Nähe einer Weisheit, die aus den Gesprächen mit den Mönchen und dem Gesang aus der Stille kam.

Antoine de Saint-Exupéry, der Autor des „Kleinen Prinzen", schrieb im Figaro littéraire: „Wenn ich den Glauben hätte, würde ich nur noch Solesmes ertragen. Man kann nicht mehr von Kühlschränken, Politik, Bilanzen und Kreuzworträtseln leben … Man kann nicht mehr leben ohne Poesie, ohne Farben, ohne Liebe."

Im Tagebuch von Julien Green steht am 25. Oktober 1947: „Manchmal kommt mir der Gedanke, dass diese Mönche einen großen liturgischen Traum leben. Dabei sind es in Wirklichkeit sie, die in der Wahrheit leben, und wir, die träumen, stets bereit, uns einem Albtraum zu ergeben."

Gang über den Friedhof. Er liegt zwischen der Abtei- und der Pfarrkirche, mehr als hundert Mönche sind hier beigesetzt, der letzte, Dom Jacques, im April 2011. In manchen Gräbern ruhen vier bis sechs Verstorbene, es sind die Gebeine derer, die im Kreuzgang gefunden wurden. Gräber aus dem 5. Jahrhundert wurden nebenan im Dorf entdeckt. Ahornbäume geben etwas Schatten, jedes Grab ist mit Chrysanthemen geschmückt. Es ist kein Ort der Trauer, eher der Verehrung und des guten Beispiels derer, die „angekommen" sind. Auch waltet hier ein gewisser Gleichmut: Der Friedhof geht in den Gemüsegarten über, in dem ein betagter Bruder das Laub sammelt.

Nach der Vesper bin ich mit Dom Guy Mesnard verabredet, der eine Geschichte der französischen Orden verfasst hat. Die kurze Szene, wie er im Abendwind aus dem Buchsbaumweg tritt, bleibt unvergessen: die Kapuze über den Kopf gezogen, in einen Schal gehüllt, mit schnellem Schritt, eine dunkle Silhouette. Er hat sich nach dem Abitur für Solesmes entschieden, weil er den Herrn Jesus Christus kennenlernen wollte und dazu eine starke Tradition benötigte. Es war nicht ganz leicht am Anfang, er sagt gar „karg und streng". Doch haben ihm sein Novizenmeister und der liturgische Zyklus geholfen. Das Mysterium, die Wüstenväter, der hl. Augustinus, die gregorianischen Manuskripte prägten seine Klosterjugend. Er hat die Abtei weiterwachsen und gründen sehen, das II. Vatikanische Konzil, das in der Messliturgie die Konzelebration einführte, von der er sagt: „Sie schweißt uns zusammen!"

Pater Guy beurteilt, nach seinen langjährigen Erfahrungen mit jungen Mönchen, die aktuelle Krise der Berufungen mit viel Ruhe. Die Geschichte des Mönchtums zeige, dass es stets Zeiten zahlreicher Berufungen und Zeiten des Stillstands gegeben habe. „Was jedoch immer blieb, ist die Suche nach Gott. Sie steckt tief im Herzen des Menschen." Er mag den Wahlspruch des Kartäuserordens: „Das Kreuz steht während die Welt sich dreht." Ihn, der ein stark beachtetes Buch über die Berufung geschrieben hat, bedrückt keine Angst vor Statistiken, die übrigens nur für das alte Europa gelten. Im Gegenteil, er ist optimistisch und erkennt in den jungen Männern, die hier eintreten, einen „starken Eifer", was Scheitern nicht ausschließt. Dann lächelt der asketische Mönch: „Ich habe Vertrauen in diese Jugend, es kommt nicht auf die Zahl an. Ein neues Solesmes wächst heran." Sein nachdenkliches Gesicht im Sessel unter dem Lampenschirm. Es stellt dich vor die Wahl, dich abzuwenden oder zum Echten vorzudringen.

Nachmittags Vesper in der nur einen Kilometer entfernten Abtei der Benediktinerinnen von Ste Cécile. Der Weg steigt hinauf zum Kloster, das von Dom Guéranger gegründet worden ist, fast im Gleichschritt. Dacharbeiten sind im Gange, die jedoch verstummen, als die Schwestern in zwei Reihen den Chor betreten. Dreißig ernsthafte Frauen. In der schmucklosen Kirche steht nichts anderes als ein Kreuz, sonst weiße Wände, abschreckend. Aber dann Himmelsstimmen, reiner, kristallener und zerbrechlicher als drüben in St Pierre. Beim Ausgang einige Gesichter, die auf den Boden blicken.

Pater Jean-Philippe Lemaire stammt aus dem Ardennenstädtchen Charleville-Mézières. Hier lebte auch der „verrufene Dichter" Arthur Rimbaud, der geschrieben hat, „der geistliche Kampf ist heftiger als die Schlacht der Menschen". Der Mönch hat davon in seiner Jugend wenig gespürt. Er war umgeben vom katholischen Milieu, mehrere Onkel und Tanten standen dem Benediktinerorden nahe. Von den sechs Geschwistern folgte ihm ein Bruder in die Abtei Solesmes, deren Gästehaus er zum ersten Mal mit 19 Jahren betreten hat. Mit 20 trat er am 7. Oktober 1958 ein. Es war das Fest des Rosenkranzes, seine Mutter weinte vor Freude.

Im ersten Jahr hat der Novize viel gelitten, es fehlte die Zuneigung seiner Familie, vor allem um Weihnachten, dessen besonders schöne Liturgie die Zärtlichkeit des Zuhauses nicht aufwiegen konnte. Doch er hielt stand. Der hl. Benedikt hat den Jungen nichts anderes versprochen. Das Glück wächst mit dem Alter. Sein geistlicher Vater glaubte, er werde Solesmes wieder verlassen. Gewiss gab es Zweifel, doch lächelt er: „Gott hat mich nicht dermaßen geprüft ..."

Man wundert sich, dass Pater Jean-Philippe der Gemeinschaft von Solesmes als Prior vorsteht. Der zweite Mönch nach dem Abt, ein Verwaltungsposten. Doch wirkt er ganz anders. Ein Mitbruder sagte von ihm, er sei „ein Mann Gottes". So erlebe ich ihn auch: die etwas blassen, melancholischen Gesichtszüge, immer wieder aufleuchtend, wenn er von den Heiligen und Engeln spricht. Es geschieht in einem Tiefgang, der ganz durchgeistigt ist. Er nennt den hl. Josef und die kleine hl. Therese. Das Kindheitsevangelium birgt das Geheimnis, dass Jesus seiner Mutter „untertan war". Das verborgene Leben in Nazareth lockt ihn an.

Pater Jean-Philippe war lange Jahre Novizenmeister. Jetzt ist er nur noch Meister. Seine Präsenz ist überwältigend: Güte, die man mit Worten nicht ausdrücken kann. Vielleicht „väterliche Kompassion". Ich habe dies bisher nur zweimal während Begegnungen mit Frère Roger Schutz in Taizé und dem koptischen Wüstenvater Makarios erlebt: sprechen und schweigen an der Nahtstelle zur Heiligkeit. Man kann sich nicht mehr der Tränen erwehren, das Steinherz weicht auf.

Zu der Frage, ob Christus im Laufe seines Klosterlebens das Gesicht verändert habe, gibt er zur Antwort: „Er hat mein Gesicht verändert." Zunächst hart, ängstlich und traurig gingen die Jahre dahin, bis es lächelte und empfangsbereit wurde, „ganz verklärt durch Christus". Der Mönch muss stark sein, aber in Zärtlichkeit. Er erinnert an die Worte des Herrn im 2. Korintherbrief des hl. Paulus: „Meine Gnade genügt dir; denn sie erweist ihre Kraft in der Schwachheit. ...; denn wenn ich schwach bin, dann bin ich stark."

Schmunzelnd erzählt er, dass er den gregorianischen Gesang, der in Solesmes das Ein und Alles ist, unter Tränen erlernt hat; er konnte nicht singen. Jetzt ist dieser Gesang zu einem „Schatz geworden, inspiriert vom Heiligen Geist, belebt durch den Geist Gottes mit Texten, die aus der Bibel stammen". Erstaunlich, dass Pater Jean-Philippe die rauen Wüstenväter nicht weniger schätzt, die bisweilen als Hochathleten der Spiritualität verkannt werden. „Gewiss führten sie ein hartes Leben, doch von Christus und der Demut des Herzens durchdrungen." Er verweist auf die historische Entwicklung des Mönchtums: Die Wüstenväter Antonius und Pachomius stehen am Anfang; Basilius und Benedikt haben sich dem Temperament ihrer Zeit vorsichtig angepasst und die Liturgie entwickelt; Cluny begründete ein Christentum des Gesangs und der Kathedralen. „Das Gebet ist innovativ", sagt er leise, „es schöpft fortwährend aus der Liturgie, festigt uns im Glauben und in der Hoffnung auf das, was Gott uns versprochen hat."

Als die Glocke zum Mittagsgebet schlägt, bitte ich ihn um seinen Segen. Er möchte mit mir noch ein Vaterunser beten. So stehen wir am Fenster. Dann umarmen wir uns. Es war eine große Stunde.

Kapitel 6

Die Schwester im Baumgarten

E s ist eine winterliche Fahrt durch die Ardennen. Auf der Autobahn von Metz nach Straßburg geht der Schnee in Regen über. Alle fahren mit aufgeblendeten Scheinwerfern, wie bei Anbruch der Dunkelheit. Doch es ist erst Mittag. In einem Gasthof in Hochfelden raste ich. Ein Teller Sauerkraut und Speck, ein Elsässer Bier. Die Wirtin spricht die melodische Mundart, man versteht fast alles. Die europäische Hauptstadt wird weiträumig umfahren. Molsheim, Obernai, Barr. Überall noch deutsche Städtenamen. Hinter der Grenze fließt schon der Rhein. Die Winzer laden zu einem Pröbchen ein. In Epfig geht es rechts ab nach Bernardvillé.

Die Weinberge reichen fast bis in die Abtei der Lieben Frau von Baumgarten. Sie streben in langen Bogen auf den ehemaligen Bauernhof zu. Er ist aus rosa Sandstein, wie meist hier im Elsass, als Kloster kaum zu erkennen, und doch ein Mittelpunkt. Nur eine kleine Straße trennt die Gebäude von den Rebstöcken, aus denen Arbeiter das morsche Holz schneiden und verbrennen. Blauer Rauch steigt auf in den Regenhimmel. Die Szene hat etwas Uraltes, hier war es immer so. Hege und Pflege der Trauben. In den Kellern füllen Riesling und Pinot die Fässer. In den Weinstuben von Itterswiller leuchten die Gläser auf den Tischen.

Bernardvillé ist ein ganz kleiner Ort. Wenige Häuser an der Landstraße am Rand schwarzer Wälder. Ob es ein Aufenthaltsort des berühmten Abtes Bernhard von Clairvaux war, wird von den Anwohnern und den Nachbarinnen im Kloster vermutet. Sie sprechen gerne darüber. Weshalb sollte das Nest sonst diesen anspruchsvollen Namen tragen? Einige Weinhöfe liegen am Hügel, der den Blick freigibt auf die kleine Abtei und die Reben. Es sind keine Gegensätze, irgendetwas fließt hier zusammen. Dort der Segen begehrter Trauben, da die Hochzeit zu Kana und das letzte Abendmahl.

Doch nicht genug der diskreten Zusammenhänge. Das Kloster der Lieben Frau liegt an der Route nach Santiago de Compostela. Die Straße ist nach dem Pilgerweg benannt. Sogar die Entfernung ist angegeben: 2.277 Kilometer. Im Gewölberaum aus dem 14. Jahrhundert, der den Trappistinnen heute als Kapitelsaal und Skriptorium dient, erinnert eine Holzstatue des Apostels Jakobus an die Gewaltmärsche, die sich quer durch das alte Europa nach Galizien schlängelten. Zwar hat der Bildhauer den Umhang des Heiligen mit den traditionellen Muscheln geschmückt, ihm jedoch irrtümlich eine Hand mit sechs Fingern geformt. Seitdem steht er hier, als sei ihm das Weiterziehen deshalb verweigert worden.

Neben der Klostereinfahrt befindet sich eine Kapelle, die den 14 Nothelfern geweiht ist. Gewiss kein Kulturdenkmal, doch ein weiterer Hinweis, dass der Ort Baumgarten nicht irgendwo vereinsamt in der Landschaft liegt. Verehrung der Nothelfer, das bedeutet Bittgänge in Not und Sorge. Es gab Balast genug, von weit strebten die Menschen hierher. Jetzt steht das kleine Gotteshaus etwas verloren an seinem Platz, so als kenne die anderweitig beschäftigte laute Welt weder Last noch Unglück.

Nachdem sich die Schwestern 2008 zwischen den Weinstöcken niederließen, musste bald ein Gästehaus gebaut werden. Die Bewirtung von Besuchern, vor allem wenn sie einige Tage der Besinnung verbringen möchten, gehört zur traditionellen Aufgabe eines Klosters. Der hl. Benedikt hat dieser Tugend in seiner Regula einen ernsthaften Abschnitt gewidmet: Wie Christus sei der Gast zu empfangen. Entsprechend ist der Bau, der mit Unterstützung der regionalen Politiker errichtet und 2010 eingeweiht worden ist:

zwar schlicht, jedoch in jeder Hinsicht funktional. Zwölf geräumige Zellen, die Wohnung des Rektors und ein Gebetsraum befinden sich darin.

Bei den Ausschachtungsarbeiten stieß man 2009 auf Mauern, die die Schwestern und die Archäologen gleichermaßen alarmierten. 50 Zentimeter unter der Grasnarbe befanden sich die Reste einer Abteikirche und ein Friedhof mit 14 Gräbern, zu dem eine Steintreppe hinabführte. Eine Fachzeitschrift hat nach den Vermessungen präzise Daten veröffentlicht. Das Kirchenschiff betrug 34 Meter und war im Stil der frühen Zisterzienser errichtet worden. In einem offenen Grab sieht man das Skelett eines Mönches: tiefe Augenhöhlen, weit geöffneter Kiefer, gefaltete Handknochen über der metallenen Schnalle des Gürtels. Keine Sargspuren, eine Leiche in bloßer Erde, so wurden schon damals die Zisterzienser beigesetzt.

Für die Schwestern war es eine Offenbarung. In Sorge waren sie wegen Überalterung aus ihrem bisherigen Kloster Altbronn in Ergersheim aufgebrochen. Jetzt war klar, dass ihr Bauernhof von Baumgarten in der Tradition des Ordens stand. Die Ruinen und Gräber wurden gesegnet. Im weiten Umkreis geweihte Erde. Bereits seit 1148 war an dieser Stelle neben dem Bachlauf der Schernetz das „Salve Regina" gesungen worden. 23 Jahre zuvor war hier eine Klostergründung des Straßburger Bischofs von Michelbach erfolgt. Kurioserweise berichtet ein Dokument aus dem Jahr 1187 von Konflikten zwischen deutsch- und französischsprachigen Mönchen. Hier war immer eine Grenze. Es folgten Zeiten des Niedergangs, bis der Abt Nicolas Wildenbosch vom Generalkapitel den Auftrag zur Edition kostbarer liturgischer Handschriften erhielt. Doch brachte der Bauernkrieg 1525 den endgültigen Todesstoß. Baumgarten war kein Kloster mehr.

Der Ort blieb ein begehrtes Grundstück. Pächter, Winzer, ein Kardinal, ein Hotelier und Großbürger folgten als Besitzer, bis schließlich 2008 die Trappistinnen die kostbare Immobilie erwerben konnten. Ringsum Wasser, Wälder und Weinland, weitab von großen Verkehrswegen, große Stille. Der Baumgarten war mehr als nur eine Obstwiese.

Der Umzug erfolgte, nachdem die Abtei Altbronn in Ergersheim endgültig wegen Überalterung geschlossen werden musste. Die Äbtissin Marie-Odile Faller hat dazu 2012 einen umfangreichen Bericht veröffentlicht, der neben vielen interessanten Details das Schicksal zahlreicher Ordensgemeinschaften unserer Tage dokumentiert, die ihre Pforten wegen Nachwuchsmangels endgültig schließen müssen. Die Folgen sind kleine Neugründungen wie in Baumgarten oder die Zusammenlegung mehrerer Klöster wie in Igny. Oft waren es dramatische Wechsel, bei denen die bedrängten Schwestern den Interessen von Immobilien-Spekulanten ausgesetzt waren. Es ist schwer Familien, schwerer noch alte Gemeinschaften zu verpflanzen. Baumgarten ist noch ein Glücksfall, wo mit viel gutem Willen ein ehemaliges Schwimmbad in eine Kapelle und ein Luxus-Restaurant in einen Studienraum umgebaut werden konnten. Das renommierte Hotel ist langsam immer klösterlicher geworden.

Es herrscht eine sympathische Enge. Im Pfortenraum befinden sich die Türen zur Kapelle, zum Refektorium der Gäste, zu den Sprechzimmern und zur Klausur. Dieser zentrale Ort, an dem sich auch ein schlichter Klosterladen befindet, ist so etwas wie eine Begegnungszone. Besucher kommen und gehen, Schwestern begeben sich in die Küche. Hinter der Empfangstheke zieht Schwester Elisabeth mit einem frohen Lächeln die Fäden. Sie ist zugleich Gastschwester, Rezeptionistin und Telefonistin, dann und wann serviert sie beim Essen. Für alle und alles einen gütigen Blick. Wer hierherkommt, ist gleich angenommen. Beim Eintreten weiß sie bereits, dass Schwester Lamberta mich zu dieser Stunde erwartet. Auch andere Schwestern wissen über den Termin Bescheid.

Lamberta hat hier einen guten Ruf, sie schmunzeln alle, gleich ist man willkommen.

Wir haben uns noch nie gesehen, sondern nur einige Mails ausgetauscht. Terminplanung, Anfahrt, doch immer ein liebes Wort. Dann erscheint sie im Türrahmen der Klausur, schmächtig wie ein Vögelchen, gebeugt, sich mit der Hand an der Mauer stützend. Sie hat ihren Rollator, mit dem sie sich durch die Klosterflure bewegt, stehen lassen. Man muss ihre Hand halten. Sie meint, es sei nicht nötig und kann doch nicht anders. „Ich habe keine Hände und keine Füße mehr, nur der Kopf funktioniert noch", lächelt sie. Dann lässt sie sich in den Sessel fallen. Im warmen Licht des Lampenschirms sind die Gesichtszüge deutlich zu erkennen. Unter dem schwarzen Schleier einige Strähnen. Wache blaue Augen, von einer großen Brille umrandet. Die Nase rot wie nach einer Erkältung. Feuchte, glänzende Lippen. Alles sehr mütterlich und von einem 83-jährigen Leben geprägt. Schönes Alter, keine Hemmungen zu fragen und zu erzählen.

Ihre Hände liegen zusammengefaltet auf dem Tisch. Es sind Beter- und Arbeiterhände, ora et labora, so wie die Regel des heiligen Benedikt es vorschreibt. Schwach und zäh erscheinen sie. Am Handgelenk trägt Lamberta eine Uhr mit großem Zifferblatt für die Tag- und Nachtstunden. Ihr läuft die Zeit nicht fort. Noch nicht, bemerkt sie leise, illusionslos darüber, dass die Lähmungen ihrer Glieder unaufhaltsam fortschreiten. Irgendwann, vielleicht schon bald, wird sie ein Pflegefall sein. Verurteilt, in ihrer Bettengruft langsam zu sterben. Doch ein Trappistinnen-Kloster ist kein Ort für Illusionen. Aus ihrer alten Abtei Altbronn mussten sie der Betagten wegen ausziehen, auch in Baumgarten ist das Durchschnittsalter der 14 Schwestern 75 Jahre. In der Reihenfolge des Eintritts in den Orden ist sie die Viertälteste, sie redet darüber ohne Klage. Viel hat sie erlebt in all den Klosterjahren und freut sich, darüber ausführlich erzählen zu dürfen.

Später zur Vesper im Chor nähert sie sich ihrem Platz, gestützt auf den Rollator. In der langen, weißen Kukulle sieht sie noch gebeugter aus. Doch ist sie nicht die Einzige. Sie ist klein, wenn sie sich setzt, bleibt nur noch der Rand ihres Schleiers sichtbar. Im rechten Winkel sitzen die Schwestern vor dem Kreuz. Dass hier früher vornehme Hotelgäste gebadet haben, kann man sich nicht vorstellen. Stattdessen Einsätze des Harmoniums und diese unverkennbar hohen Frauenstimmen, ohne jede Gebrechlichkeit. Wechselgesang, während es an den Fenstern zum Klausurhof zu dämmern beginnt. Noch ein Psalm, noch eine Hymne, das Magnifikat: Zitternde Entschlossenheit des Alters, sich noch einmal hörbar zu machen.

Dem Gesang folgt eine viertelstündige Betrachtung. Es ist eine Zeit des stillen Gebets, das Licht ist erloschen, nur vor dem Tabernakel flackert eine Kerze. Schattengestalten in den Bänken, das Ergreifende versunkener Frauen. Schließt man die Augen, kommt die Dunkelheit noch näher. Nicht leicht als fremder Gast diese Zeit unbehelligt durchzustehen, sie erscheint ewig lang, man ersehnt das Ende, das Klopfzeichen der Äbtissin lässt auf sich warten. Der Kopf ist voller wirrer Bilder und Fragen. Der Tumult der Welt rüttelt an der Stille. Was mögen sie beten, wie mögen sie es verinnerlichen? Wie weit schon hinüber ins Grenzenlose? Sie sind fähig zur Heimatlosigkeit. Lässt man sich endlich ein auf die Langsamkeit, kann man sich vorstellen, dass es schön sein muss, darin jeden Tag ausklingen zu lassen. Sehnsucht nach dem nahen und fernen Gott und vielleicht dem Hauch einer Antwort.

Schwester Lamberta ist trotz ihrer Behinderung eine pünktliche Frau. Auf die Minute genau erscheint sie in der Klausurtür, nimmt vorsichtig die einzige Stufe und stützt sich auf meinen Arm. Im Sprechzimmer rückt sie sich den Stuhl zurecht und lächelt über ihren Zustand. Es ist eine sonderbare Mischung aus Gebrechlichkeit und heiterer Präsenz. Sie kennt keine Hemmungen zu sprechen, ihr Leben war immer spannend, die Kontemplation hat sie nicht ermüdet. Vielleicht auch weil sie um ihre Berufung zur Trappistin fünf Jahre lang kämpfen musste. Obwohl es in ihrer Familie im südlimburgischen Kerkrade Priester gab, lehnte der Vater, ein Hauptlehrer, ihren Wunsch ab. Er wollte seine junge Tochter nicht hinter Gittern sehen. Zudem wurde in der 9-köpfigen Familie ihre Hilfe benötigt. Sie studierte Pädagogik und Psychologie und gab Unterricht. Versuche, in die Abtei Tilburg einzutreten, scheiterten erneut an der Ablehnung des Vaters, der nicht wollte, dass sie diesen Ruf eines Tages bereut. Schließlich willigten die Eltern ein, der Abtei einen Besuch abzustatten, wonach sie nur sagten, es sei „nicht so schlimm gewesen". Der Widerstand war gebrochen.

Lamberta hat ihren Vater geliebt, er war eine geachtete Autoritätsperson. Der Reserveoffizier wurde 1943 gefangen genommen und bis zum Kriegsende in ein polnisches Lager verschleppt. Die 13-jährige Tochter war erschüttert: „Für mich existierte nur der Vater." Bis zu seiner Befreiung durch amerikanische Soldaten schaffte es die Mutter, ihre Kinder durchzubringen und ihnen ein Studium zu ermöglichen. In den Bombennächten an der niederländisch-deutschen Grenze hockten alle im Keller. Ihr Bruder, der kurz vor seiner Priesterweihe stand, und sie, die um ein strenges Klosterleben ringende Schwester, hatten ausgemacht, dass er „im Weinberg des Herrn" arbeiten und sie „in der Nacht" für ihn beten sollte. Als die Eltern schließlich einwilligten und sie im Oktober 1954 eintrat, wurde ihr nach der Einkleidung bereits ein neues Opfer abverlangt. Sie durfte bei der Primiz, der ersten Messe ihres Bruders in der Heimatpfarrei, nicht dabei sein und sagt heute noch: „Mein Herz hat geblutet, es war vielleicht mein schwerstes Opfer." Es ist eine kennzeichnende Szene ihres Lebens, immer wieder wurden ihr Opfer abverlangt. Manchmal waren es nur kleine Enttäuschungen, die sie jedoch tief verletzten: Die Novizenmeisterin vergisst ihr am Morgen der Primiz zu gratulieren. Der Bruder liest eine Messe im Kloster, doch sie muss hinter dem geschlossenen Gitter bleiben. Schließlich heißt es: „Darf der liebe

Gott Sie heute um ein großes Opfer bitten?" Der Vater ist tödlich verunglückt. Zur Beerdigung darf sie die Klausur nicht verlassen. Zwei Tage später kommt ihre Mutter zu Besuch und die Tochter glaubt zu wissen, dass dieser Weg der Hingabe nie aufhört, selbst im Alter nicht: „Gott braucht so viele Opfer für die Welt ... das ist das Schöne im Alter, die Einladung ist noch immer da."

Im April 1955 hatte sie ihren Vater noch ein letztes Mal umarmt. Vor ihrer Einkleidung durfte sie sich von ihrer vollständig erschienen Familie verabschieden. „Jetzt ist es gut", sagte er. „Ich sehe, dass du glücklich bist." Immer wieder, wenn sie im Kloster während der Unterrichtspause das Klingeln des Telefons hörte, hat sie gedacht, dass es der Vater sei. Doch er hat nicht mehr angerufen.

Lamberta, die so stark sein wollte, war bereits zwei Monate nach ihrem Eintritt am Ende ihrer Kräfte. Es waren nicht nur psychologische Auswirkungen nach den schweren Erfahrungen der letzten Jahre, sie vermochte auch bei der harten Arbeit mit Holzschuhen und Mistgabel nicht mehr mitzuhalten. Tagsüber wurde ihr Bettruhe verordnet, am zweistündigen Nachtoffizium musste sie jedoch teilnehmen, um bei der Abstimmung über ihre Aufnahme nicht als „zu schwach" abgelehnt zu werden. Freitags nach dem Nachtoffizium fand im Schlafsaal mit den nach oben geöffneten Zellen die „Disziplin" statt. Für die Dauer von drei „De profundis"-Psalmen peitschten sich die Schwestern aus. Eine „Übung", die nach dem Konzil abgeschafft worden ist.

Das Konzil und die Debatten um die Kirche in der Welt von heute haben in dem kontemplativen Kloster keine besondere Rolle gespielt. Die Aufforderungen zur Änderung der oft überlebten Sitten und Gebräuche kamen vom Generalabt in Rom und wurden ohne Murren befolgt. Auch die einschneidenden Reformen der Liturgie oder die Abschaffung der Zeichensprache, mit der sich die Schwestern wie Stumme innerhalb der Klausur verständigten. Doch geschah es mit einer für die zurückhaltenden Trappistinnen typischen Verspätung. Lamberta, die als Cellerarin, als Novizenmeisterin, Priorin und Archivarin bestens informiert war, hielt Briefe aus dem fortschrittlichen niederländischen Kloster vorsichtig zurück. Lediglich die Äbtissin hatte Einblick und riet: „Wir müssen sehr langsam vorgehen, damit die alten Schwestern folgen können." Der Generalabt sagte ihr: „Halten Sie so lange wie möglich an der Tradition fest, erst dann geben Sie nach." Mittelpunkt blieb allein das Gebet, es bedurfte keiner Reformen.

Die nächtliche Vigil liebt sie bis zum heutigen Tag. Die Stille, die Konzentration auf das Wesentliche ist nachts größer. Doch viel mehr noch als die Konzentration ist es eine wache Gelassenheit, die ihr keine Mühe abverlangt. Fast nur ein Vorspiel zu der folgenden „Lectio Divina", der geistlichen Lesung. Jede Schwester unter der Leselampe an ihrem Pult. Vielleicht ist es die „klösterlichste" Stunde. Jede allein und alle zusammen gebeugt über die Texte ihres Herzens. Lamberta liest vorzugsweise aus dem Buch des Elsässer Theologen François-Xavier Durrwell über das „Österliche Geheimnis". Hier findet sie ihr Wort für den Tag. Sie ist fasziniert: „Alles was der Mensch für andere tut, gewinnt er an innerer Freude. Da ist schon der Umschwung zur Auferstehung." Sie sagt, ohne dieses Nachtoffizium könne sie nicht leben. „Wir sind der Eucharistie ganz nahe: Sterben und Auferstehung."

Die Bücher von Durrwell werden in Baumgarten geschätzt. Als ich den Namen erwähne, bittet mich die Gastschwester, einen Moment zu warten. Sie eilt in die Kapelle und holt einen Zettel mit einem Durrwell-Zitat, den sie in ihr Gebetbuch gesteckt hat. „Sterben zum Vater hin", heißt der Text und beginnt dort, wo der Philosoph Martin Heidegger den Menschen als einen zum Tode Verurteilten beschrieb. Durrwell sagt, der Tag, für den er geboren wurde, sei nahe. Dann kommen aus der Tiefe die Worte: „Ich weiß, dass dieser Moment die größte Gnade meines Lebens sein wird."

Im Tod nimmt ihn Jesus mit zum Vater. Sie sterben zu zweit in einer unendlichen Kraft zum Vater hin. Jesus stirbt in seinem Tod den Tod aller Menschen. Die Erlösung ist die Erlösung aller.

Über Nacht ist Sturm gekommen. Der Winter tobt sich aus und rüttelt er an Türen und Fenstern. Äste werden von den Bäumen gerissen. Der Regen schlägt gegen das Haus. Die meisten sind aufgewacht. Erst in der Frühe kommt Stille auf. Der Wind hat auf dem Hof alles durcheinandergewirbelt. Nur die Stiefmütterchen stehen unbehelligt im Beet. Violett und blau und gelb. Scheue Frühlingszeichen.

Wenn die 83-jährige Lamberta lächelt, gleicht sie einem Mädchen, so sah sie früher aus. Es sind die Spuren eines gelungenen Lebens, dessen Halt sie aus dem 1. Korintherbrief 1,9 schöpft: „Treu ist Gott, durch den ihr berufen worden seid zur Gemeinschaft mit seinem Sohn Jesus Christus, unserem Herrn." Dazu gibt es eine kleine Zeichnung: Der Gekreuzigte beugt sich zum Menschen hinunter. Sie pocht mit ihrem Finger darauf, denn daraus zieht sie alle Kraft. Da ist das Symbol für das, was sie „Opfer" nennt: Der Gehorsam, das schwerste Opfer von allen, die Liebe zu ihren Schwestern, das Gebet für die Welt, vor allem nachts, „wenn es schlimm ist". Bei Durrwell hat sie den Satz unterstrichen: „Wer abstirbt macht Gnade frei von Gott"– wer seinen Eigenwillen aufgibt, erwirbt sich Gnade bei Gott. So, wie sie es sagt, hat es mit der Buße und Abtötung fordernden strengen Observanz nichts mehr zu tun. Nun gilt die Erziehung zur Selbstständigkeit. Es ist eine Form gütiger und zärtlicher Hingabe, die aus einer großen Freiheit kommt und mit Regeln nicht zu erfassen ist. Sie wiederholt es mehrmals: „Das Wichtigste ist alles anzunehmen. Ich bin Seine Gehilfin. In Gemeinschaft mit Ihm bleiben. Er ist treu."

Diese Haltung kann sehr weit gehen. Kehrte eine Schwester nach langer Prüfung in die Welt zurück, stellte sich Lamberta die

Frage: „Trage ich Mitschuld daran?" Wenn sie eine Tote anblickte, wollte sie ebenfalls wissen: „Was habe ich getan, dass sie jetzt glücklich ist?" Doch macht sie keinen Hehl daraus, dass „Trennung immer schwer ist".

Die betagte Archivarin hat jüngst das alte Wappen der Zisterzienser von Baumgarten gefunden. Die Abtei ist ein Garten mit dem Baum im Mittelpunkt, von Löwen umgeben. Im neuen Wappen haben die Schwestern es bei einem Apfelbaum belassen, er bringt Frucht, der christliche Glaube bildet den Wurzelgrund. Daraus haben die Schwestern letzte Woche während ihren jährlichen Exerzitien geschöpft. Sie sind nach kanonischem Recht für Kontemplative Vorschrift. Lamberta hatte vorher „alle Geschäfte erledigt". Man tut nur noch das Wenigste. Was warten kann, wartet. Keine Gäste, keine Kapitel-Versammlungen, keine Essens-Lesung. Diesmal kam der bischöfliche Vikar aus Fribourg als Exerzitienmeister und sprach über den spirituellen Theologen Maurice Zundel. Seine Anregungen: immer leben, opfern, sich geben, nicht an sich selber denken. Lamberta wusste, wovon er sprach.

Jedes Jahr wechselt der Exerzitienmeister. Bruder Pierre-Yves Emery aus der ökumenischen Gemeinschaft von Taizé war auch schon da. Dienstags und donnerstags findet kein Nachtoffizium statt. Jede Schwester ist frei, um sich auf die Vorträge vorzubereiten, vor allem die Alten. Wem sie nicht gefallen, darf sich mit einem Buch begnügen. Auch die Beichte ist freigestellt. Das Einzige, was zählt: das persönliche Verhältnis zu Jesus.

Die schmächtige Schwester Lamberta möchte noch nicht sterben. Sie lächelt: „Der Mensch stirbt nicht, weil er gerne stirbt. Das Zittern ist ein Ausdruck des inneren Erlebnisses." Obwohl sie „nicht mehr kann", kann sie vielleicht noch für andere wertvoll sein. Es ist nicht immer leicht. Doch es bleibt dabei, auch nach fast 60 Klosterjahren: „Da bin ich, ich gebe alles was du willst."

Kapitel 7

Für immer in Igny

D ie Abtei Val d'Igny, 25 Kilometer westlich von Reims. Weißes, nebliges Weinland, später Nachmittag, Eiskrusten, schneeverwehte Landstraßen. Hinter dem letzten Dorf Vézilly dichte Fichtenwälder, umgestürzte Bäume, dann erhebt sich die Klostermauer. Eine gelbliche, drei Meter hohe Wand, die schlossartige Gebäude umschlingt. Sie droht nicht, sondern zeigt an, dass hier eine andere Welt beginnt. Ein Ort für das Verborgene. Man möchte diese Mauer länger betrachten. Sie wehrt nicht ab, sie lädt ein. Sie umfasst eine Oase mitten im Winter. Die Dämmerung macht sie spannend. Jenseits von ihr ist mehr als nur Ereignislosigkeit. Hier leben 54 Schwestern in der Langsamkeit. Man wagt es nicht zu glauben: Hinter ihr beginnt eine große Freiheit. Sosehr sie auch verbirgt, verspricht sie zugleich eine Spur Licht. Sie schützt das Eigentliche. Keine Sperre, nur ein Übergang.

Wie still es ist in dieser Stunde! Nur das Eis knackt unter den Füßen. Die Gastschwester Bernadette Marie eilt über die Steingänge. Herzliches Willkommen, aufmerksamer Blick, fürsorgliche Nachfragen. Nein, die Fahrt durch die Ardennen war nicht zu schwierig, die Abtei nicht schwer zu finden. Kommen Sie, kommen Sie. Die Zelle wie tausend andere Klosterzellen: spartanisch, doch spürt man die mütterliche Sorgfalt der Schwestern. Blitzeblanke Sauberkeit, frische Bettwäsche, die Tischlampe hell, ein bequemer Sessel, Bibel und Tagesablauf auf dem kleinen Tisch, separate Dusche und Toilette, die Handtücher fein gefaltet.

Unter den praktischen Hinweisen die Mitteilung, dass es im Kloster keinen Netzempfang gibt. Es macht die Abgeschiedenheit strenger, die Mauer undurchlässiger. Bald spürt man, dass es nicht stört, sondern eher befreit. Bleiben nur die Glockenschläge, sie zählen die Zeit, die leise versickert. Man vergisst sie zu zählen, bis sie zu den Stundengebeten rufen. Aufrüttelnd, keine Kompromisse.

Das Tal von Igny erinnert an die Tradition der frühen Zisterzienser, die ihre Abteien neben einem Wasserlauf an abgelegenen Orten errichteten. Doch ist das Tal mehr als nur etwas Geografisches. Man muss es suchen. Dann umschließt es einen. Es birgt Tiefe und die Reinheit der Brunnen. Realität und Symbole, die an diesem Ort ineinander übergehen.

Die Abbiegung nach Igny führt durch freies Feld. Keine Häuser mehr, dichter Wald. Dann geht die Straße tief hinab. An Regen- und Schneetagen wirkt die Abtei noch abgelegener. Eiszapfen hängen an den Dächern. Der Kirchturm verschwindet im Nebel. Das Wasser eines Flüsschens rauscht. Eine Schwester erscheint im Seitentrakt, langsam, vorsichtig, gebeugt. Hier ist einer dieser Orte des kompromisslosen Alleinseins. Man muss sich darauf einrichten, sonst wirft es einen um.

Abendtisch mit den Trappistenbrüdern Philippe aus Cîteaux und Pierre aus Sept-Fons. Suppe und Reis, ein Krug Rosé. Wir reden über die Märtyrer von Tibhirine. Philippe mit langem, pechschwarzem Bart und Nickelbrille, wie John Lennon sie trug. Pierre, der Alte, in der ärmlichen Kleidung eines Landarbeiters. Erst beim Tischgebet nimmt er seine Wollmütze ab. Er spricht kaum. Eben in der Vesper saß er in der letzten Reihe, das Gesicht hinter kräftigen Beterhänden versteckt.

Zum Abschluss die Komplet. „Salve Regina" in der dunklen Kirche, nur die Marienstatue im Lichtkranz an der Säule. Hohe zitternde Frauenstimmen, die alles sagen. Man braucht keinem Text zu folgen. Kein Schmuck, keine Blume. Eine Fürbitte für die heute Verstorbenen. Jeden Abend sind sie ihnen nahe. Nach dem letzten Glockenschlag verlassen sie in zwei langen Reihen die Kirche. Jede verneigt sich vor der Äbtissin und erhält einen Spritzer Segenswasser. Dann verschwinden sie in ihren Zellen.

Bald ist Sonntag, noch scheint das Mondlicht durch die Fenster. In der Frühe setzt Tauwetter ein, erstmals seit Wochen Tropfen, die in langen Abständen von den Dachrinnen stürzen. Manchmal rutscht ein Schneebrett über den blauen Schiefer. Die Schwestern knien schon in ihren Reihen, nur die Kopftücher sind sichtbar. Die Organistin ist ganz nahe, ihre zarten Finger auf den Tasten. Dann zieht sie die Register und gibt den Ton an. Die Laudes: Gesang im Morgengrauen, scheues Licht für einen neuen Tag, alles Geschenk, Schöpferlust, Christus in der Mitte des Universums, sein Kreuz im Halbdunkel. Kein anderes Ornament als die Kerze vor dem Tabernakel im matten Goldglanz. An den schwarzen Fenstern der Apsis klettert erste Helle und färbt sie langsam blau. Der Jubel der Psalmen wird heftiger. Zuletzt nur noch ein „Alleluja" und das „Benedictus", das von den Weissagungen der Propheten erzählt und vom Licht, das von oben einbricht. Dann kehrt im Tal von Igny wieder die Stille ein. Noch einige Zeit in der leeren Kirche: Wie viele Gebete, wie viele Gesänge? Jede Woche das gesamte Buch der Psalmen, Zehntausende tiefer Verbeugungen. Alles, nur nicht desertieren. Sorgen und Fürbitten für die tobende Welt. Man glaubt, der ganze Raum ist noch erfüllt von diesem Flehen um Gottesnähe; die Farbe der Steinwände hat etwas von ihrem Hauch angenommen. Über dem Chor Holzstäbe, wie eine Bambuswand, in den Schlitzen zitterndes Licht. Der zum Heiligtum verwandelte Raum, der Sehnsucht heißt.

Terz, die dritte Stunde an diesem Sonntag. Die Schwestern singen eine Hymne aus Taizé: „Christus im Morgenregen, wenn bereits die Sonne durchbricht." Dann ein Psalm: „Wie kann ich mein

Herz rein halten ...? Du bist es, der uns ins Weite führt." Bevor die Glocken läuten, das Klingelzeichen der Äbtissin. Kaum hörbar, der Stille verwandt. Aufbruch der Beterinnen, bald beginnt die Eucharistie vom dritten Sonntag im Jahreskreis. Jesus in der Synagoge von Nazareth, der Prophet gilt nichts in seiner Heimatstadt, Rumoren der Nachbarn und Verwandten: Was will denn der?

Gegenüber in der Bankreihe eine blonde Frau in Jeans, die staunend in den Schwesternchor blickt. Für Sekunden ein Bild aus der „Welt". Szenenwechsel im Niemandsland zwischen Versuchung und Gnade. Beide kommen überfallartig in die Wehrlosigkeit. Der Prediger stellt die Dinge klar: Mönche und Schwestern sind Wächter in der Nacht der „Welt", Wächter an den brisanten Nahtstellen. „Dann sehen wir in aller Klarheit", sagt er, „und nicht mehr im Schatten des Glaubens, die Frau der Apokalypse. Sie wird uns in ihrem Sternenmantel wie Kinder empfangen. Unsere Freude wird unendlich sein." Bruder Philippe greift später beim Essen diesen Faden auf und sagt beiläufig zu einem Ehepaar: „Sorgt euch nicht, alles ist Energie, der Heilige Geist kümmert sich um unsere Armut."

Das Brot ist in einem Korb in ein Handtuch gehüllt. Die Suppe riecht nach Fenchel. Scheue Sonnenstrahlen wärmen schon den Rücken, ihr Spiel auf weißen Wänden. Eine Schwester schüttet Wein nach. Keiner spricht. In einer Schüssel leuchten Äpfel in rotgelben Farben. Sofort kommt der Gedanke „Cézanne". Keine Frage: Die Wirklichkeit ist stärker als die Kunst.

Bruder Pierre trägt eine Cordhose und einen grob gestrickten Pullover. Altersflecken an den Wangen, ein grauer Dreitagebart. Er ist 88 und stammt aus der Dauphiné zwischen Lyon und Grenoble. „Das ist ein schönes Land", lächelt er, „aber die Heimat ist immer schön." Die Gastschwester schiebt ihm sein Tabletten-Döschen auf die Serviette. Vor Jahrzehnten hat er seine Abtei Sept-Fons verlassen und seitdem bei den Schwestern von Belval gelebt: „Ich hatte die Nase voll und brauchte Luftveränderung. Ich liebe das Leben. So ist das." Offenbar ein ehemaliger Problemfall, dem man seine Eigenheiten gelassen hat. Dann kippt er sich etwas Wasser in den Rotwein. Als die zu klein gewordene Gemeinschaft von Belval nach Igny zog, ist er mitgekommen und möchte hier sterben.

Klosternachmittage, vor allem sonntags, sind lange. Die Stille wird größer. Im Gebetsraum des Gästehauses befinden sich die Reliquien des seligen Guerric von Igny. Der Schüler und Freund des hl. Bernhards war zunächst Dozent an der Kathedralschule des belgischen Tournai. Erst im Alter von 51 Jahren trat er in Clairvaux ein. 1138 wurde er Abt von Igny, wo er 1157 starb. 54 stark beachtete Predigten sind von ihm erhalten geblieben. Um sie zu verstehen, muss man sie als Poesie lesen. Es handelt sich um Gesang, der das Mysterium des liturgischen Jahres zelebriert. Die Worte sprudeln aus der Bibel hervor, ganz von der Kraft der Verführung großer Sprache umgeben. Schönheit ist ihre Botschaft, vor allem die Schönheit des Angesichts von Christus. Das christliche Mittelalter wird spürbar, die Hymnen der Kathedralen, die noch immer wie ein Mythos in unseren Städten stehen. Man braucht nur einzutreten und kann alle Bibliotheken vergessen.

Die Gebeine Guerrics ruhen hinter einem schwarzen Gitter in der Wand zur Schwesternkapelle. Ein Fensterchen gibt den Blick frei auf die staubigen Überreste. Mit einem Finger kann man die Scheibe berühren und dem Knochenhaufen aus der Zeit eines Kirchenfrühlings näher kommen. Doch Guerric ist nicht mehr bei den Toten. Bleibende Erinnerungen an die Liebeslieder der ersten Zisterzienser, die noch immer den Schrein umgeben. Worte, die aus tiefem Herzen kamen und geblieben sind.

Nur einige Stühle und Schemel in dem kleinen Gebetsraum. Der Tabernakel in einem Holzstumpf. Mutter und Kind auf dem „Sitz der Weisheit" sind gekrönt. An den Wänden die Stationen eines

Kreuzwegs. Auf dem Altartisch liegt eine offene Bibel, Lukas-Evangelium, die Frauen folgen auf dem Weg zum Felsengrab Josef von Arimathäa. „Dann kehrten sie heim und bereiteten wohlriechende Öle und Salben zu."

Nach der Vesper stellt Bruder Philippe das Allerheiligste aus. Die Hostie in einer bescheidenen Monstranz. Das Schweigen wird größer, bis auf die Betagten knien alle Schwestern. Es ist die Stunde der Verehrung, der Liebesgespräche. Gefolgt vom sakramentalen Segen, den der Priester weit ausholend erteilt, keinen ausschließend. Er stimmt das „Tantum Ergo" an, das wir noch aus der Kindheit kennen und nicht verstanden haben.

Es ist ein guter Abend. Eingeschneit hinter dicken Mauern. Hohe Stimmen, gregorianische Hymnen. Manchmal kommt der Gedanke: Ich möchte hier zu Hause sein. Es sind Momente des Glücks, die nur bei solchen Erfahrungen aufbrechen. Stille Freude darüber, dass es verborgene Orte gibt, wo das ewige Leben schon begonnen hat.

Im Trakt zwischen der Kirche und dem Gästehaus befindet sich eine kleine Ausstellung mit Fotos aus der Klostergeschichte; darunter ein Porträt des Romanciers Joris-Karl Huysmans (1848 –1907). Im Schatten von Émile Zola war er ein Vertreter des Naturalismus, dessen Werke im Deutschen Taschenbuch Verlag neu aufgelegt worden sind. Ein Mann heftiger Konflikte zwischen Lust und Sünde. Die Bücher „Gegen den Strich" und „Tief unten" gehörten im Frankreich der Jahrhundertwende zur „Bibel der Dekadenz". Erst das Leiden seiner langjährigen Mätresse Anne führte Huysmans auf dunklen Wegen zur Religion zurück. Bald geriet er in die Nähe der Mystik. Die Abtei Igny wurde zu seinem Zufluchtsort. „Die Einwände gegen den Glauben", berichtet er einem Freund, „schienen unwiderstehlich; doch waren sie eines schönen Morgens beim Erwachen wie aufgelöst. Nie habe ich gewusst wie

das geschah. Ich betete zum ersten Mal und die Explosion war da."
In den Jahren 1893–1894 kam er dreimal zu Einkehrtagen nach
Igny. Bei seinem ersten Aufenthalt beichtete und kommunizierte
er. Später schrieb er illusionslos in sein Tagebuch: „Das Fleisch
ist immer bereit zu rebellieren." Bei seinem dritten Besuch suchte
er das Glück „nur noch im Schatten eines Klosters". Dennoch ge-
stand er, dass die von Gott gewährte Freiheit, „den hartnäckigen
Sünder von gestern" nicht ganz beruhigte: „Ich spüre, dass ich im
Falle einer Gelegenheit zweifellos verloren wäre."

Das Foto von Huysmans im Gästehaus des Frauenklosters ist ein
subtiles Zeichen von Verständnis und Toleranz der Nonnen. Mit
kahlem Schädel steht er nachdenklich unter einem Kruzifix. Er hat
in seinen Büchern die alten Fragen radikal gestellt. Gott, die Liebe,
der Abgrund. Von seinem Bild zur Kirche sind es nur ein paar Schritte. Wenn sich das Portal öffnet, hört man die Schwestern singen.

Im Chor fällt eine Schwester besonders auf. Anne Joseph ist die
größte und jüngste von allen, sie trägt als Einzige einen weißen
Schleier, sie hat noch keine ewigen Gelübde abgelegt. Dass die
Äbtissin ausgerechnet sie für ein Gespräch auswählt, überrascht.
Gewiss ein Zeichen gegenseitigen Vertrauens. Die 34-Jährige ist
eine herzliche Frau, etwas schüchtern betritt sie das Sprechzimmer. Ein Lächeln, etwas Spannung. Doch erzählt sie gerne von
ihrer Kindheit, ihrer Jugend. Die Zeit als Messdienerin in der Pfar-
rei Saint-Nicolas am Stadtrand des burgundischen Beaune hat sie
erstmals mit der Liturgie vertraut gemacht. Bevor sie das Studium
der Mathematik aufnimmt, hat sie schon über ein Leben im Kloster nachgedacht. Da ist bereits der rote Faden ihres Lebens: Religion und Wissenschaft sind kein Kontrast, der Glaube setzt die
Lehrsätze von Euklid und Pascal mit anderen Mitteln fort. Diese
anderen Mittel scheinen ihr spannender zu sein. Sie möchte sich
ihnen ganz zuwenden, doch ohne Eile. Sie besucht die Trappistenabteien von Cîteaux und Acey und fühlt sich von diesem Orden

angezogen, der am Himmelfahrtstag 1998 sein 900-jähriges Jubiläum feierte. Der einzige Überlebende des Dramas von Tibhirine, Bruder Jean-Pierre Schumacher, berichtete über seine Erfahrungen im islamischen Milieu von Algerien und Marokko. Das Symbol des Brunnens für Christen und Moslems beeindruckt die junge Frau: sprudelndes Wasser Gottes, Taufwasser, Brunnen der Samariterin, Brunnen des Lichtes. Der Übergang zur Geometrie von Raum und Licht ist fließend.

An der Hochschule in Paris bildet sich bald eine Freundesgruppe, die in einem Dominikanerinnen-Kloster eine etwas andere Wohngemeinschaft lebt als ihre Kommilitonen draußen in der rumorenden Stadt. Mathematik- und Sprachenstudium, abendliche Eucharistie, Laudes in der Frühe. Immer wieder denkt sie an Igny: Ja oder nein, die große Frage. Sie antwortet mit einem unspektakulären Vertrauen in Gnade und Vorsehung: „Leben, was ich zu leben habe, dorthin, wo der Herr uns führen will." Auf einem Zettel, den sie aus der Tasche ihres Habits zieht, hat sie in ihrer heiteren Mädchenschrift ein Gebet der belgischen Schwester Emmanuelle aufgezeichnet, die Jahrzehnte unter den Lumpenkindern von Kairo verbracht hat: „Das Leben ist eine Chance, ergreife sie. Das Leben ist Schönheit, bewundere sie. Das Leben ist ein Kampf, nehme ihn an. Das Leben ist ein Abenteuer, wage es ..." Nach sieben Jahren in Paris beendet sie ihr Studium mit einem Doktorat und der Promotion über die Geschichte der Mathematik. Diese Zeit hat sie in ihrer Berufung bestärkt. Sie möchte tiefer forschen, weiter graben. „Wenn ich in Igny sein werde ...", sagt sie zu sich selbst. Am 15. Januar 2006 tritt sie im Alter von 27 Jahren ins Kloster ein.

Es stört sie nicht, die einzige Novizin zu sein, der Anfang ist leicht und friedlich, seit vier Jahren hat sie sich auf diesen Tag vorbereitet: „Ich war angekommen." Auch die Herausforderungen, die nach acht Monaten auftraten, haben sie nicht irritiert: „Man lernt die Wahrheit über sich selbst, die Schwächen der anderen öffnen den Blick auf die eigenen." Der legendäre „geistliche Kampf" beginnt, der sich nicht so sehr im sexuellen Bereich abspielt: „Es ist viel einfacher, viel näher. Man stört sich an Nichtigkeiten, die einem bewusst sind und doch nicht ausgeräumt werden. Das geringste Wörtchen mit einer Schwester löst schwere Folgen aus. Dann steigert die Stille die Spannung, ein innerer Raum tut sich auf. Doch ist es schwer und schön zugleich. Es ist einfach wahr, so ist die Realität."

Es folgen eine weitere Noviziatszeit in der Abtei Laval und vier Jahre der Vorbereitung auf die zeitliche Profess. Die Bindungen zu den Mitschwestern werden enger, die Gemeinschaft stärker, die Oberin wird die wichtigste Bezugsperson. Anne Joseph besucht die Kurse der „Zwischenmonastischen Bildung", junge Brüder und Schwestern aus vielen Orden, die während drei Jahren dreimal jährlich eine Woche in wechselnden Abteien in Theologie unterrichtet werden: Exegese, Dogmatik, Patristik, Philosophie, Anthropologie. Alles Humanwissenschaften, die der Mathematikerin den Horizont erweitern. Die Facetten der Existenz, die monastische Spiritualität gehen in Richtung der Vereinigung. Die Nüchterne nennt es „kohärent".

In aller Stille bereitet sie sich auf die ewigen Gelübde vor. Am 24. August 2013 ist der große Tag. Dann wird sie ihr definitives Versprechen ablegen und den schwarzen Schleier und die weiße Kulle ihrer Schwestern anlegen. Sie freut sich auf den so wichtigen Tag. Nach einer langen Etappe hat sie wieder ein Stück Weg erreicht. Sie empfindet es als eine „Verwurzelung". Jetzt wird sie für immer in Igny bleiben. In der Gemeinschaft der Heiligen hat sie keine Vorzüge, sie überlegt und lächelt: „Es würde die anderen betrüben …" Die hl. Gertrud von Helfta sprach von einer „Vereinigung der Tugenden", auch Johannes Paul II. und der Tibhirine-Märtyrer Christian de Chergé haben sie in dieser Auffassung gemeinsamen Strebens bestärkt, nur noch „Sucherin unter Suchern" zu sein.

Die Abtei, der Chor und die Klausur bieten dafür den richtigen Rahmen. Als im letzten Advent ein Fernsehteam von FR3 eine Reportage über die Vorbereitungen auf Weihnachten drehte, blieben die Kameraleute während der stillen Betrachtung nach der Vesper einfach sitzen. Sie schienen diese Zeit zu genießen. Auch sie auf der unausgesprochenen Suche nach Gnade, die weht wo sie will. Anne Joseph kennt diese stille Annäherung und sucht Christus, „mehr als ich ihn sehe. Es ist mysteriös. Hin und wieder im Alltäglichen ein Licht. Er ist es, der führt. Eine Erfahrung ohne eine Erfahrung zu sein. Ein wahrer, ein guter Weg."

Am frühen Nachmittag eine Verabredung mit Bruder Philippe, der in Igny das Amt des Rektors ausübt: Zelebrant, Geistlicher Vater, Krankenseelsorger. Keiner weiß mehr über das innere Leben der Gemeinschaft als er. Doch darüber wird er nicht sprechen, es unterliegt dem Beichtgeheimnis. Hinter seinem rechten Ohr erkennt man eine große Narbe. Im letzten Jahr hat er sich einer achtstündigen Operation unterziehen müssen, bei der ein gutartiger Tumor entfernt worden ist. Er hat danach eine Woche gelitten und sich nichts anderes gewünscht als „mit Jesus zu leben". Es war schon immer sein heimlicher Wunsch, der sich jedoch erst nach langen Umwegen offenbart hat. Er ahnte ihn und erkannte ihn nicht. Er hat alle Krisen der Verzweiflung und Verirrungen der „Kultur des Todes" durchlebt. Gottesferne, Alkohol, Selbstmordnähe, Satanismus. Mit fernöstlichen Praktiken des Karate, Zen und Schugendo versuchte er sich während sechs Jahren zu befreien. Unversehrt ist er mit bloßen Füßen über die Glut gegangen und hat seine Hände in glühende Kohle gehalten. Er suchte jedoch ein anderes Feuer.

Erst ein Aufenthalt im Wallfahrtsort der „weinenden Muttergottes" in La Salette brachte die Umkehr. Erstmals begannen Gott, Jesus und Maria ihn zu interessieren. Er las die ganze Jerusalem-Bibel und besuchte die Abtei Cîteaux. Dann ging alles ganz schnell, er wollte für immer bleiben. Der geistliche Kampf hat ihm während vier Jahren viel abverlangt. Die morbiden Bilder seines Vorlebens kehrten zurück. Hardrock-Fantasien und Teufelsnachstellungen. Doch hat es ihn nicht daran gehindert, seine ewigen Gelübde abzulegen. Es folgte ein Jahrzehnt als Krankenpfleger. Er sah heiligmäßige Mönche sterben und sagt, der Tod sei nur „eine einfache Tür zum wahren Leben". Er spricht von Jesus wie von einem Freund.

Ein Priester und 54 Schwestern. Wenn man aus der Welt kommt, ist es ein irritierendes und zugleich wahrhaftiges Bild. Das Gebet schafft ein Gleichgewicht, das Vertrauen stets neue Hoffnung. Er hat seine schwierige Bekehrung als „Pädagogik Gottes" erlebt. Für die Trappistinnen ist es eine bleibende Aufgabe, über die sie sich ausschweigen. Kein Platz für fade Frömmigkeit, keine Zeit für Unwirklichkeit. Er hat Wichtiges zu sagen. Vor jeder Messe Worte, die aus schmerzlicher Erfahrung und der Schönheit der Bibel schöpfen. Als Gast sieht man die Schwestern nur in der Kirche, dem Ort des „Wesentlichen". Eine Gemeinschaft auf beiden Seiten des Chores, soziologisch eine „geschlossene Gruppe". Doch ist hier nichts soziologisch. Die Organistin lässt ihre Finger über die Tasten gleiten. Die Äbtissin gibt das Klingelzeichen und alle bitten um Hilfe und Rettung. Die Not innen und draußen ist ein ständiger Begleiter. Schwester Anne Joseph hat ihre Formeln im Kopf behalten und zieht dennoch das Herz vor. So wie alle hier, die Tag und Nacht vor Gott stehen und für die Welt und ihr Heil beten. Dann und wann etwas Licht.

Kapitel 8

Die Unbefleckte von Vézelay

Vézelay ist eines der schönsten Dörfer Frankreichs. Doch vielleicht ist die Ortschaft im Norden der Bourgogne gar kein Dorf. Eine Million Menschen strömen im Sommerhalbjahr hierher auf den Hügel. In der Mehrzahl Touristen, aber auch Pilger, die in der Gruft der Basilika der hl. Maria Magdalena eine Kerze anzünden oder nach dem Frühsegen in Richtung Compostela wandern. Die Sünderin und die ferne Stadt am Kap Finisterre: kein Zweifel, Vézelay ist ein spannender Ort.

Kommt man im Winter, fegt der Wind den Rauch von den rostbraunen Dächern. Es gibt nur eine Straße, die auf den Hügel führt, sonst enge, verwinkelte Gassen. Die Läden der Kunsthandwerker sind geschlossen. Wer dennoch auf verirrte Kundschaft hofft, hockt in den Ateliers am offenen Feuer. Ein Café, ein Restaurant, das „La Coquille" heißt, als Gruß für die Pilger mit der Muschel des hl. Jakob. Es sind nur wenige Gäste da, über Nacht fiel der erste Schnee. Die Männer an der Theke trinken Kir oder Leffe-Bier. Die Kartenspieler knallen ihre Trümpfe auf den Tisch. Die Wirtin serviert das Tagesmenü: Grünkohl und Blutwurst. Schlagen die Glocken, geht es durch Mark und Bein. Es ist immer noch dieser appellierende Ton wie im Mittelalter, als der Abt Bernhard von Clairvaux oben am nördlichen Abhang zum zweiten Kreuzzug aufrief und alle Bewaffneten aus Lothringen und Flandern folgten.

Man muss zu den beiden Klöstern der Brüder und der Schwestern hoch hinaufsteigen. Gleich ist zu spüren: Vézelay ist ein mondänes Dorf. Erst hoch oben auf dem Platz der Basilika ändert sich die Atmosphäre. Katholische Kirchen haben täglich freien Zugang.

Hier sammeln sich die Pilger und Wanderer. Nur das rechte Portal ist offen, wie ein Schlupfloch. Die Gasthöfe ringsum wirken rustikal. Ein Laden für Lokalgeschichte und Devotionalien, liebenswerter Kitsch.

Die Buch- und Kunstgeschäfte der beiden Gemeinschaften sind anspruchsvoller. Ihre Klöster dagegen einfache Häuser im Schatten der Kirche. Öffnet man die Türe, fällt der Blick auf zehn Paar Winterschuhe. Es geht hier sehr leise zu. Der junge Mönch trägt eine blaue Kutte und einen Ledergürtel. Sein Empfang ist brüderlich: „Sie sind auch unser Bruder."

Bruder Grégoire, der Prior der „Bruderschaft von Jerusalem", hat mich im „Haus des hl. Bernhard" untergebracht. Mächtig erhebt sich der alte Kasten über die Nachbarhäuschen. Die farbige Schwester Marie-Josée führt mich hinauf auf die zweite Etage. Sie hat ein strahlendes Lächeln. Eine kleine, genügsame Zelle. Vom Fenster geht der Blick über die Giebel zu den Wäldern des Morvan. Er reicht tief hinein ins Land und nimmt den Weinbergen von Vézelay und Chablis ihre Heiterkeit. Natürlich ist alles von Sagen umwoben, Dolmen und uralte heilige Bäume stehen im dichten Forst. Im Laufe der Jahrhunderte hat man ihnen Kreuze und Heiligenstatuen beigefügt. Geblieben ist eine leise Unheimlichkeit.

Erst oben in der Basilika befindet sich eine unüberwindbare Grenze. Bereits über dem Hauptportal thront Christus im Jubelkreis, auch im Vorraum streckt er seine Segenshände aus. Engel und Heilige streben ihm zu, alles umrankt von der Bilderwelt der Bibel, getränkt von Mystik und Symbolen. Selbst im Winter kommen noch Besucher. Blitzlicht huscht über die Landschaft bärtiger Apostel, an denen die Zeiten genagt haben, die sich aber noch immer nicht einfangen lassen. Die Kamera liefert nur schnelle Abbilder, der Kern bleibt unantastbar.

Das Kircheninnere ist ein Juwel mittelalterlicher Baukunst, von allen Einrichtungen des Weltkulturerbes und nationaler Heiligtümer mit Ehrentiteln bedacht. Die Schönheit des romanischen Bauwerkes, das sich im Chor zu gotischer Höhe aufschwingt, nimmt dem Eintretenden den Atem. Säulen, Skulpturen und Kapitelle zeugen von großer Kunst und unbeugsamem Glauben. Die christliche Frömmigkeit hat hier eine zeitlose Höhe erreicht. Keiner, der diesen Ort betritt, bleibt ungerührt.

Im westlichen Seitenschiff führt eine Tür in den Kreuzgang. Wo sich früher der Kapitelsaal befand, ist heute die Winterkapelle der Ordensgemeinschaft. Hier bietet sich zu den Gebetsstunden ein völlig neues Bild. Acht Brüder und elf Schwestern knien, liegen und hocken vor dem Altar. Dahinter an der Steinwand eine große Christus-Ikone. Der Herr mit goldenem Nimbus, dunklen Augen, ein zugleich etwas staunender und gütiger Blick. Die Männer in ihrem blauen Habit wirken versunken, die meist jungen Frauen im Jeansgewand mit den weißen, hinter dem Ohr verknoteten Kopftüchern verbreiten eine selige Begeisterung. Man glaubt, sie haben sich in ihrer Verehrung vor dem Messias hingeschmissen. Kein Zweifel, Liebe ist im Spiel. Sie tönt aus den Versen des Hohelieds, die sie mit kristallklarer Stimme singen. Alles in einem byzantinischen Ton und von den Mönchen an ihrer Seite mit tiefem Bass begleitet: „Des Nachts auf meinem Lager suchte ich ihn, den meine Seele liebt." Ruf und Antwort, Sitzen und Stehen, Kreuz- und Segenszeichen, blaue und weiße Meeresfarben, als nahe die Flut. Wie die Wellen eines sakralen Tanzes, doch nicht eingeübt, sondern spontan auf gleicher Augenhöhe.

Naht die Sommerzeit, finden die Gottesdienste nebenan im Chor der Basilika statt. Es muss noch stärker wirken. Das Uralte und ein zaghafter Zweig der jungen Kirche. Das im Laufe der Kriege, Revolutionen und Vertreibungen hier Verstummte erhebt sich wieder zu Gesang. Er schallt von den hohen Wänden zurück und klingt wie Zustimmung.

In der Frühe am Hochfest der Unbefleckten Empfängnis: ein ferner Streifen aufgehender Sonne, ringsum Wintergrau und strenger Frost. Man denkt an „das Licht im Dunkel vor dem Morgenstern" aus dem 1. Johannesbrief und den Marien-Litaneien. Diskrete Zeichen, die auf die stille Jungfrau weisen, wenn sie auf dem Bergpfad zu Elisabeth eilt oder der Engel sie heimsucht. Während des Morgengebetes Lesungen aus den Büchern Jesus Sirach, Esra und Jesaja. Worte wie ferne Trommeln in der Nacht der Zeiten. Irgendwo ist eine frauliche Souveränität, ein Hauch Schöpferlust. Von Frauen fremder Völker ist die Rede, von Treuebruch, den die Obersten zuerst begingen. Der Prophet klagt mit zerrissenem Mantel. Dann wieder Szenen einer orientalischen Hochzeit, die verwegene Silhouette einer Frau.

„Nicht länger nennt man dich ‚Die Verlassene' ... Wie der Bräutigam sich freut über die Braut, so freut sich dein Gott über dich" (Jesaja 62,4 f.).

Dann kehrt die Stille zurück. Nach den Hymnen und Texten aus dem Alten Testament ist es eine mächtige Stille, wie auf offener See vor dem Aufleuchten des Morgensterns. Péguy schrieb, die Jungfrau gleiche „dem Flimmern der Deltas". Die Mutter, die Königin: Kein Mensch auf dieser Welt weiß mehr über ihren Sohn als sie.

Die Messe ist eine große Hommage an Maria. Die erste Lesung aus dem Buch Genesis berichtet vom Sündenfall, von der verfluchten Schlange und der Lebendigen, die Eva heißt und sich in ein Ave verwandelte. Der Epheserbrief ruft zum geistlichen Kampf auf, gegen „die Fürsten und Gewalten, gegen die Beherrscher dieser finsteren Welt, gegen die bösen Geister ..." Im Lukasevangelium erfolgt die alles entscheidende, befreiende Bereitschaft des demütigen Mädchens: „Mir geschehe nach deinem Wort!"

Bruder John-Patrick spricht leise wie ein Geschichtenerzähler. Man beugt das Ohr und möchte mehr wissen. Es wundert nicht, dass der Brite den hl. Anselm von Canterbury zitiert. „Die Makellose hat das Universum neu geschaffen. Maria hat alles gerettet." Doch möchte sie der bärtige Prediger nicht als eine „Königin" verehren, sondern als vollständig durch ihren Sohn verklärte Mutter. „Es gibt von ihr viele falschen Bilder", sagt er, „doch ist sie eine unendlich schönere Frau als alle Statuen zeigen." Die Ikonen kommen ihr näher, sie offenbaren, wer sie ist: Die Unbefleckte von Vézelay führt uns in das Mysterium der Menschwerdung.

Sonderbar, dass sich nur wenige Meter entfernt in einer Nische der Basilika ein großes Standbild der Maria Magdalena befindet. Die Makellose und die ehemalige Prostituierte. Zwei Marien, die spät zusammenfanden. Die Frau aus Magdala trägt in ihren gefalteten Händen eine Amphore, sie ist auf dem Weg zum Grab, wo sie den Leichnam salben möchte und wenig später die erste Zeugin der Auferstehung wird. Ein Faltengewand, ein Kummerblick, den Tränen nahe. Ihr langes Haar ein letzter Schimmer Fraulichkeit, darüber ein Kopftuch, der Schleier, ein scheuer Schutz. In ihrer Stele ist ein Reliquien-Knorpel eingefügt. Tausende Küsse haben den Stein geschwärzt. Der hl. Augustinus sagte von ihr: „Sie wusste an welcher Krankheit sie litt und dass allein derjenige, zu dem sie kam, fähig war sie zu heilen."

Bruder André ist der Philosoph der Gemeinschaft von Vézelay. Der Mönch mit dem langen weißen Bart geht am Stock. In der hintersten Reihe der betenden Brüder und Schwestern sitzt er auf einem Stuhl. So hat er die Übersicht und lächelt. In seinem Buch „Das Mysterium der Sexualität" stellt er die Frage nach der Bedeutung der Geschlechter. Für einen Nachdenker lesbar und für einen Mönch voller Intensität: „Es gibt etwas Transzendentes in der Beziehung eines Mannes und einer Frau, in der jedes menschliche Wesen das Geschenk des Lebens erhalten hat." Das Körperliche ist eine erweiterte Form der spirituellen Spannung. Frauen verstehen das besser als Männer. „Weshalb bist du so schön?", fragte eine Seherin die ihr erscheinende Maria und vernahm die Antwort: „Weil ich liebe."

Hier erhält die Unbefleckte eine andere Dimension als nur die jungfräuliche Entrücktheit. Es gefällt auch Nicht-Katholiken. Sie ist den Menschen mütterlich nahe, weil sie zerbrechlich wie ein Grashalm, Gott näher ist als je ein Mensch es war. Ihre Ikone, um die sich die Brüder und Schwestern von Vézelay scharen, trägt das Kind mit einem gütigen Trauerblick. Schmerzensmutter, die alles in ihrem Herzen bewahrt, und Mutter voll der Gnaden, deren Liebe, wie der arme Poet François Villon es sang, „bis in den Abgrund der Hölle reicht".

Bruder Pierre-Marie Delfieux hat die „Gemeinschaft von Jerusalem" 1975 gegründet. Vorher war er Studentenpfarrer im Quartier Latin, wo im Mai 1968 ein historischer Studentenaufstand begann. Dann zog es ihn in die tiefe Sahara. Zwei Jahre lebte er, wie Charles de Foucauld, in Assekrem auf den Hoggar-Höhen als Einsiedler. Als er in die andere Wüste nach Paris zurückkehrte, stand sein Ziel fest: In der Hektik der Stadt ein klösterliches Leben führen. „Je mehr ich Gott nahe bin, bin ich den Menschen nahe." Er hatte keine Angst vor Paris: „Im Herzen der Stadt, im Herzen Gottes." Ein spirituelles Angebot für die einsame Masse. Die Welt als ein normaler Ort für Heiligung.

Sein „Lebensbuch" wird von den zehn Gemeinschaften in aller Welt als Regel betrachtet. Für die 250 Brüder und Schwestern ist es die Grundlage ihrer Berufung. In allen Zellen der Gästehäuser liegt es neben der Heiligen Schrift aus. Es ist ein großartiges Buch, durchdrungen mit Hinweisen auf die Bibel und Schriften der

Wüstenväter. Der mystische Einfluss der Ostkirche ist unübersehbar. Herzensgebet und Liturgie sind davon tief geprägt. Über allem steht die Liebe Gottes für den Menschen. Der Autor sagt es aus starker innerer Überzeugung, er hat nach seinen Einsiedlerjahren nur die Wüsten gewechselt. Weit über die großen Städte hinaus sind die Gemeinschaften auf das Ende der Zeiten ausgerichtet. Sie leben schon etwas davon, ein Pilgerweg in Richtung Vollendung. Eschatologie, ein schwieriger Begriff für den Ausblick auf das Letzte.

Ich habe das Buch nur zögernd in die Hände genommen, dann aber nicht mehr aufgehört zu lesen. Nach dem Frühstück sage ich es Schwester Marie-Christine. Die junge zierliche Frau mit runder Brille und spitzer Nase lächelt: „Sie werden sich noch wundern."

Grégoire, der Prior der acht Brüder von Vézelay, liebt das „Lebensbuch". Es empfiehlt, am Morgen das Gebet mit zur Arbeit zu nehmen, und am Mittag die Arbeit ins Gebet zurückzubringen. Die Brüder und Schwestern sind Teilzeit-Beschäftigte, sie möchten solidarisch mit den Menschen sein, denen sie tagtäglich als Kollegen begegnen. Dreimal am Tag beten sie morgens, mittags und abends gemeinsam die Stundengebete. Im Anschluss an die Vesper beginnt die Eucharistie. Am Nachmittag wird das Allerheiligste ausgestellt. Stille Verehrung der braunen Hostie in der schlichten Monstranz. Montags ist „Wüstentag", jeder zieht sich bis zur Abendmesse in sein Versteck zurück. Im Sommer darf dieser Rückzug drei Wochen dauern, jeder sucht sich seinen einsamen Ort. Die Ruhezeit gehört zum klösterlichen Alltag. „Ruhe ist wichtig in einer Stadt", erklärt der Prior. „Die Tradition des Mönchtums legt großen Wert auf die angemessene Ruhe."

Vézelay ist nur in den Sommermonaten eine „Stadt". Dennoch haben Brüder und Schwestern den Ruf, den der Bischof von Sens-Auxerre 1993 an sie richtete, sofort angenommen. Es galt, das geistliche Leben an diesem Ort wieder lebendig zu machen. Nicht nur eine Basilika der schönen Steine und der schönen Sünderin, sondern auch der spirituellen Präsenz, wie es schon im 12. Jahrhundert der Fall war. Der Empfang und die Begleitung von einer Million Touristen, Pilger und Gäste, fordert Einsatz. „Wir möchten ein Stück Weg mit ihnen gehen, unterwegs sein zu Gott." Menschen zu empfangen heißt für sie auch „Christus empfangen". Es ist eine anspruchsvolle Berufung, die sich vom Einsatz der französischen Arbeiterpriester aus den 50er- und 60er-Jahren unterscheidet. Deshalb die geistliche Dimension, die langen Gebetszeiten nach getaner Arbeit. Das halbtags verdiente Geld dient für den Lebensunterhalt. Wohnungen werden nur angemietet, keine Immobilien. Bleibt etwas übrig, gehört es den Armen.

Bruder Grégoire ist ein Spätberufener. Der ehemalige Elektroingenieur hat mit 30 Jahren nach einer inneren Konversion eine Vertiefung seines Glaubens erfahren. Nach zehn Jahren hat er den Entschluss gefasst, sein Leben ganz für Gott hinzugeben. Er macht keinen Hehl daraus: „Es war radikal, brutal, ich hörte den Ruf: ‚Ich habe dich nötig!' Mit 40 war das eine späte Entscheidung, doch bin ich für den Umsturz meines Lebens noch immer dankbar. Vorher war ich eher glücklich, heute bin ich voller Freude." Das „Lebensbuch" des Gründers, das Liebe und Freundschaft verkündet, vergleicht er mit der Bibel: „Von der Erschaffung im Buch Genesis bis zur Seligkeit in der Geheimen Offenbarung, nichts anderes als Gottes Liebe für die Welt."

So, wie es der Gründer zu Beginn des Buches schreibt: „Öffne dein ganzes Leben der Liebe, die Gott dir als Erster entgegenbringt. Bleibe für immer in dieser Gewissheit verankert, denn sie allein kann deinem Leben Sinn, Kraft und Freude schenken. Seine Liebe zu dir wird nie vergehen. Der Bund seines Friedens mit dir wird nicht erschüttert werden. Gott bereut niemals seine Gaben, und sein Ruf ist unwiderruflich. Er hat deinen Namen in seine Hände geschrieben."

Modell des Lebens der Gemeinschaft in der Stadt ist das „himmlische Jerusalem", es ist ihr „Projekt". Jerusalem zugleich als heilige und sündige Stadt. Die Propheten haben geschrien: „Bekehre dich!" Jesaja schrieb: „Die Stadt Gottes." Wenn der Mönch morgens aufsteht, weiß er: „Kein Tag gleicht dem anderen, jeder ist ein Abenteuer. Was werde ich heute mit Gott erleben? Stets etwas Neues. Das ist nicht immer einfach, aber immer stark. Manchmal bin ich abends müde ..." Seine Berufung bedeutet, der Welt zu sagen heilige Stadt zu sein. Ein irres Unterfangen, doch wenn Gott liebt ...

Bruder Grégoire verkörpert nach seiner Wahl zum Prior im kleinen Kloster die Autorität. Doch er wird weder Prior noch Abt, sondern weiter „Bruder" genannt. Obwohl er zugibt, dass „alles ein bisschen anstrengend ist", und hofft, dass die Gemeinschaft nach fünf Jahren einen anderen wählt, spürt er zugleich, dass er immer mehr er selbst wird, dass die Berufung in ihm wächst. Beobachtet man ihn von der Seite, ist er ein froher, in sich ruhender Mensch. Erfüllt und angekommen.

Als seine Arbeitskollegen erstmals davon erfuhren, dass er beabsichtige ins Kloster zu gehen, entstand eine sonderbare Situation der Gegenseitigkeit: Sie erinnerten ihn an seine Berufung, er erinnerte sie an Gott. Zunächst herrschte ein vorsichtiges Schweigen, dann aber kamen sie einzeln in sein Büro und baten um diese und jene diskrete Hilfe, selbst der Chef. Bruder Grégoire leitete damals in der Bretagne in einem Betrieb mit 700 Beschäftigten das Personalmanagement. Bei seinem Abschied waren auch die Vertreter der Gewerkschaften anwesend, mit denen er einen „robusten, männlichen" Umgang pflegte. Dann kam sein strengster Verhandlungspartner zu ihm und sagte: „Wir waren nicht immer einer Meinung, aber ich respektiere Menschen, die das bis zum Ende durchziehen, woran sie glauben." Ein Händedruck, sie haben sich verstanden.

Am Samstagnachmittag stellt sich der Prior den Fragen von dreißig Theologiestudenten und -studentinnen aus Freiburg. Es sind keine schüchternen junge Menschen, die ihm da gegenübersitzen, doch ist auch er um keine Antwort verlegen, im Gegenteil, er fordert sie weiter heraus. Seine Beziehung zu den Weltreligionen? „Alle verdienen Respekt, doch Christus ist einzigartig." Die Zukunft der Klöster? „Die Geschichte der Kirche kennt Höhen und Tiefen. Doch wird es immer Berufungen geben." Was vermisst er am meisten von seinem alten Leben? „Ich besitze mehr als vorher. Gott ist gewachsen." Worauf muss er verzichten? „Wir streben nach einem erfüllten Leben. Wie auf einer Schatzsuche." Die Nähe der Schwestern? „Es ist schön mit Frauen zu beten."

Bruder Grégoire predigt in der Sonntagsmesse über das an Johannes den Täufer gerichtete Wort: „Alle werden das Heil sehen, das von Gott kommt." Der Ort dafür ist die Wüste, die innere, die Wüste des Herzens. Er sagt: „Hier werden alle Geräusche weggefegt, alle lähmenden Gedanken vertrieben, bis wir ganz leer vor Gott stehen." Dann folgt jenes Wort des Propheten Hosea, das sooft von Mönchen als Leitbild ihrer Berufung erwähnt wird: „Darum will ich selbst sie verlocken. Ich will sie in die Wüste hinausführen und sie umwerben."

Kniende Anbetung vor der Sonntagsvesper: ein koptisches Kreuz, eine schlichte Monstranz, die Christus-Ikone mit großen Augen, als würden sie zu uns sprechen. Schwebender Gesang der Frauen- und Männerstimmen, gemeinsames Jubilieren, Versenken. Lesung aus den Schriften des hl. Ambrosius: „Der Wolf hat mich in der Nacht vertrieben. Komm Herr, Heil aller die verirrt sind." In die wachsende Stille hinein spielt eine farbige Schwester auf der Zither. Die Stunde hat etwas Urchristliches. Choreografie demütiger Schönheit. Weihrauchwolken vor dem Tabernakel. Gebet aus der Nacht der Zeiten, die aufgeschlagene Heilige Schrift wie ein leuchtender Stern. Dann langes Schweigen für das

Unsagbare. „Sei ganz ruhig mein Traum, ich bin dein Herr, dein König."

Winterstille, Winterkälte im Halbdunkel der Basilika. Allein, ganz hinten auf einem Gebetsschemel, wird man von der eisigen Schönheit ergriffen. Der Bischof hat die Gemeinschaft gebeten, die Verantwortung für dieses einmalige Gotteshaus zu übernehmen. Vor Anbruch der Nacht schließt ein Mönch die schwere Holzpforte. Was wäre, wenn man sich hier einschließen ließe? Verborgen hinter einer romanischen Säule, unter einem Kapitell mit Drachen und Dämonen? Nur oben am Altar das kleine glimmende Licht des Allerheiligsten. Die verwegene Frau aus Magdala schrittbereit in ihrer Nische. Gegenüber der heilige Mönch des Abendlandes, Bernhard von Clairvaux, der auf dem Hügel hinter der Apsis 1146 auf Bitte seines Freundes, Papst Eugen III., zum zweiten Kreuzzug aufrief. Könige und Königinnen gaben ihm Geleit. Die Massen strömten zu den Waffen. Dörfer und Marktflecken leerten sich. Überall Witwen, deren Männer lebten und in die Niederlage zogen. Bernhard hat sich von diesem Schock bis zu seinem Tod nicht mehr erholt. Doch hier in Vézelay steht er noch als Held, das Kreuzschwert und den Abtstab himmelwärts gestreckt. Eine Nacht allein in dieser Herrlichkeit, wenn die Heiligen umgehen und das Heiligtum behüten, alles in tiefstes Schweigen gehüllt ...

Auf dem Hügel klirren längst keine Waffen mehr. Nach dem Kriegsende 1946 zogen Tausende Pilger zu einem Friedensmarsch hierher, dem sich auch deutsche Kriegsgefangene anschlossen. Die einfachen Holzkreuze hängen noch in den Seitenschiffen. Ihre Splitter und Balken haben unter den mächtigen Säulen etwas Demütiges. Dann rufen in den ungleichen Türmen die Glocken die Brüder und Schwestern von Jerusalem zum Gebet. Die kleine Gemeinschaft gebückt und gebeugt vor dem Allerheiligsten. In der Welt, doch nicht von der Welt. Ganz nahe der Wüste der Herzen, in der die Sehnsucht nach Christus schlägt.

Kapitel 9

In den Wäldern von La Pierre-qui-Vire

V on Vézelay zur Abtei La Pierre-qui-Vire sind es nur dreißig Kilometer, doch scheint die Fahrt durch dichte Wälder viel weiter. Einsame Gehöfte liegen zwischen den Schneisen, die sich in alle Himmelsrichtungen öffnen. Da und dort das Heulen einer Motorsäge, dann ist alles wieder wie in den Märchen der Brüder Grimm. Dornröschenwald, Hänsel und Gretel. Die letzte Gemeinde heißt Quarré-les-Tombes, ein etwas makabrer Name, der auf die Steinsärge verweist, die im Umfeld der Kirche errichtet wurden. Manche sind offen und leer, nur noch museale Reste des Todes, der hier massiv ausgestellt wurde. Dann folgt noch das Örtchen Saint-Léger-Vauban, der Geburtsort des Baumeisters Sébastien de Vauban, dessen Festungen und Zitadellen im 17. und 18. Jahrhundert Weltruf erzielten.

Vauban steht auf dem einsamen Platz als entschlossener Marschall. Wer die enge Straße zur Abtei wählt, gerät in einen Wald, der selbst wie eine undurchdringliche Festung wirkt, so als habe der Meister hier die Natur einfach wuchern und walten lassen. Die Äste der Buchen und Fichten sind eng zusammengewachsen, als müsse man sich den Weg mit der Machete bahnen. Fünf Kilometer hinaus aus der Zivilisation und immer tiefer hinein in ein magisches Halbdunkel, das zögernd den Blick auf eine Lichtung freigibt. Doch dann erneut Mauern, hoch und aus rosa Granit, der sich vom Tannengrün abhebt. Man fragt unvermittelt, wer den verborgenen Weg hierher gesucht und gefunden hat. Wie viele Schritte, wie viele Fahrten hinaus aus der Welt für ein Leben in dieser Einsamkeit?

Bereits der Name „La Pierre-qui-Vire" (Der sich drehende Stein) verweist auf sakrale Ursprünge. Nahe an der Klostermauer steht der mächtige Felsklotz, auf dem sich früher drei schwere Steine in einem Ungleichgewicht befanden und sich bewegen ließen. Ein Dolmen aus uralten Zeiten, der als Heiligtum und Orakel verehrt worden ist. Die klösterlichen Nachfolger haben im 19. Jahrhundert der sich drehenden Göttlichkeit einen festen Halt gegeben und auf einer hohen Stele eine Muttergottes-Statue errichtet. Die Abtei ist fortan, wie so viele strenge Klöster, der Jungfrau Maria geweiht. Sie steht über Irrungen und Wirrungen der Welt, in ihrer Barmherzigkeit nach allen Seiten hin offen.

Die Klostermauer zieht einen radikalen Trennungsstrich. Man wird ganz klein in ihrem Schatten, der nichts von den Abteigebäuden freigibt. Wie die Wälder ringsum fordert sie Stille ein. Sie bietet Abwehr und Schutz. Ihre Höhe erschreckt. Vom Parkplatz bis zur Pforte sind es knapp zweihundert Meter, doch wirken sie wie eine Mahnung, diesem Ort seine Hoffnung auf Heiligkeit zu lassen. In winterlicher Sonne ist das Stück Weg streng und doch in diesem sanften Rosa frisch wie die Verheißung eines Frühlingsmorgens.

Am Portal des Pförtners befindet sich eine lebensgroße Statue des heiligen Benedikt. Das braune und weiße Holz, der erhobene Finger, der Hirtenstab: Es ist ein väterlicher Gruß, der jeden Gast „wie Christus" empfängt. In seiner Regel heißt es: „Horche mein Sohn, neige dein Ohr …" Das ist der Ton dieses Klosters, das jeden mit offenen Armen aufnimmt, der die „Schule des Herrn" betreten möchte.

Klosterpförtner spielen eine besondere Rolle. Sie vermitteln erste, oft entscheidende Eindrücke. Es sind Mönche mit Ausstrahlung und dem Charisma des Gastgebers. Ich war 1973 mit Freunden hier. Wir kamen nach Ostern und hatten die Festtage in Taizé verbracht. Wieder war der Pförtner zuvorkommend, doch war er von einer schweren Krankheit gezeichnet. Sein Gesicht blass und voller Falten, aber seinen Augen leuchteten gleich auf, als er den Namen „Taizé" hörte. Er hatte in der Zeitung den Aufruf von Frère Roger Schutz an die Jugend gelesen, die vereinsamten Priester nicht allein zu lassen. Es hat ihn gerührt, wir waren gleich Freunde.

Innerhalb von vier Jahrzehnten hat sich in La Pierre-qui-Vire vieles verändert. Die Zahl der Mönche ist von hundert auf vierzig gesunken. Allein dieses Jahr wurden drei begraben. Doch haben die Verbliebenen in der Abtei viel gebaut und renoviert. Eine neue Kirchenfront, in den Nischen von Scheinwerfern angestrahlt, und ein Gästehaus, das einem Hotel der Mittelklasse gleicht. Das Innere der Kirche ist fast gleich geblieben. Ein Vorraum mit einer Marienstatue. Teppichboden in einer leichten Schräge, der die Schritte schluckt. An den Wänden und auf den Säulen die Handschrift eines sensiblen Künstlers, der Bibelworte zu Zeichen verwandelt hat. Rechts und links der Mönchschor aus einfachen Stühlen. Ein kleiner Altartisch unter dem gleißenden Lichtkranz. Hinter den Schlitzen einer Gitterwand die züngelnde rote Kerze des Allerheiligsten. Glasfenster aus flammenden Farben, die ihre Rahmen zu sprengen drohen. Sie sind das Pendant zum leisen Dunkel und bedeuten Feuer. Am stärksten das Kreuz zwischen dem dreiarmigen Leuchter und der Marienskulptur. Christus in der Mitte, umgeben von einer Genealogie der Heilsgeschichte: Adam und Eva nackt, Noah lässt eine Taube frei, das Opfer Abrahams, der Traum Jakobs, dann Jesaja, David, Salomo bis hin zu Maria, Josef und dem Kind. So schließt sich der Kreis um den Durchbohrten. Mysterium Crucis. Durch das Kreuz zum Licht.

Spaziergang vor Beginn der Vesper, hinauf in den Wald. Schneereste, strenger Frost. Die Abtei wie hineinkomponiert in das Tal des rauschenden Trinquelin. Eine Nische zwischen mächtigen Bäumen, fast ein Versteck. Welche Sehnsucht nach totaler

Einsamkeit, sich in dieser Wildnis niederzulassen. Welcher Ehrgeiz, in dieser Abgelegenheit ein Kloster zu errichten. Bevor die
Glocken schlagen, hat die Stunde jene Spannung, wenn Stille in
eine tiefere Stille übergeht.

Erinnerungen an frühere Begegnungen. Bruder Romuald,
der Schuster. Er kehrte nach der Befreiung aus den Lagern der
Zwangsarbeiter zurück und hatte sich in die deutsche Sprache ver-
liebt. Während er auf die Sohlen hämmerte, folgte er mit einem
Rekorder dem Deutschunterricht ... Bruder Rouin war klein und
schmächtig wie eine Spinne und betreute seine Novizen mit der
Liebe eines Vaters. Seinen sonderbaren Klosternamen hat er bis zu
seinem Tod nicht geliebt ... Bruder Adalbert, das Genie. Weltweit
als Kenner der Benediktinerregel hoch geschätzt. Später nur noch
Einsiedler im Hof der Abtei. Er ging vorbei ohne Gruß, ganz in die
Gedankenwelt des Mittelalters versunken ...

Madame Corinna arbeitet im Laden von La Pierre-qui-Vire. Die
Mutter von vier Kindern ist eine schöne Frau. Sie bildet in dieser
Abtei der Männer eine frappante Ausnahme. Nach dem Rückgang
der Noviziats-Anwärter hat man aus der Not eine Tugend gemacht.
Sie sagt etwas aus über das neue Verhältnis einer zölibatären Gemeinschaft zur Welt der Frauen. Absperrung und Abtötung wurden zu Begriffen einer überwundenen Zeit. Askese fügte sich ein in
eine harmonische Lebensgestaltung. Reinheit bleibt auf den Wegen der Verklemmung unerreichbar. Es ist ein gesunder Geist, den
dieser Klosterladen ausstrahlt. Hier ist die Literatur des zeitgenössischen Christentums ebenso vertreten wie die Spiritualität der
großen Heiligen oder die Weisungen der Wüstenväter. Ein Über-
blick der Titel erstaunt. Viel Aufbruch, geistige Weite, Hoffnung.

Dies wird auch in dem 45-minütigen Film deutlich, den die
Journalistin Florence Thomas über das Leben in der Abtei ge-
dreht hat. Unbekümmert wechselt die junge Dame in Latzhose die

Gesprächspartner und vermag sie über den Kern und die Probleme ihrer Berufung offen sprechen zu lassen. Es sind authentische Zeugnisse, so wie jeder Mensch draußen in der Welt sie erfährt auf der Suche nach Glück und Herzensfrieden. Bemerkenswert ist ihre Begegnung mit dem bei der Waldarbeit beschäftigten ehemaligen Abt Denis. Der 97-Jährige, der noch jede Nacht an der Vigil teilnimmt, antwortet mit der Begeisterung eines Novizen. Selbst einem Wespenstich kann er noch etwas Positives abgewinnen. Ein großer, weiser Mann, ein Beispiel gelungenen Lebens.

Die Biografie von Bruder Servan ist abenteuerlich. Seine Eltern steckten ihn bereits mit elf Jahren in das Internat von La Pierre-qui-Vire. Trotz der Einsamkeit und Strenge bewahrt er eine gute Erinnerung an diese Zeit. Mit 18 tritt er ein, fünf Jahre Noviziat. Als sich die Eltern trennen, trifft es ihn: „Man kennt nicht viel vom Leben, hinterher muss man erkennen." Die ersten Jahre sind hart, „ein bisschen wie bei den Trappisten". Doch sind da ja noch andere junge Anwärter und der Novizenmeister, „bei ihm kann man sich ausweinen". Während des zweijährigen Militärdienstes in Algerien erlebt er Gewalt und Folter hautnah. „Wenn man nichts vom Leben kennt, lernt man es hier." In Paris tobt die Studentenrevolution. Es folgt ein Studienjahr in Rom. Das Konzil ist zu Ende, Papst Paul VI. alt und müde. „Ich bin ein Franzose, dieses Rom der Karrierepriester gefiel mir nicht, ähnlich wie Luther." In den Klöstern beginnt die große Krisenzeit. Doch hat La Pierre-qui-Vire den starken Abt Denis, der seine hundert Mönche einen Kanal zur Stromgewinnung ausheben lässt. „Nicht viel Zeit, um über Probleme nachzudenken." Und doch.

Algerien, die Konzilsfolgen und Mai 1968 haben Bruder Servan geprägt. Es gibt Spannungen. Ungewissheit und Stress fordern ihren Tribut: „Manche wurden krank, magenkrank, das ist seit den Tagen des hl. Bernhard die Mönchskrankheit." Doch bildet der Abt kleine achtköpfige Gesprächskreise, jeden Montag eine

Stunde Austausch, Gruppentherapie im Kloster der 100 Mönche. „Selbst die Einsamsten fanden Gehör, es war auch ein Forum für gescheiterte Berufungen." 1980 erfolgt ein Bruch: Bruder Servan wird zusammen mit einigen Mönchen ins Elsass nach Chauveroche geschickt, um ein kleines Priorat zu gründen. „Eisige Kälte, keine Kirche, ungewohnte Freiheiten, fremde Nachbarn, neue Begegnungen, auch mit Frauen."

Erstaunlich, wie offen er über diese Konflikte spricht: „Der geistliche Kampf ist nicht nur ein sexueller. Doch ich hatte noch zu lernen, dass der Mann einer Frau gegenübertreten soll, sie ist sein Vis-à-vis. Diese Krise tritt erst im Alter von 40 bis 50 Jahren auf. Der Abt hat uns Freundschaften mit Frauen erlaubt. Es waren nicht nur Brieffreundschaften. Da weint man sich woanders aus. Diese affektive Seite ist stark. Mit der Gnade Gottes reißt man sich schließlich die Geschichte aus der Seele."

Bruder Servan ist Dichter und ein Meister des Lächelns, auch über sich selbst. Mit 77 hat er die Zeit der Leidenschaften überstanden. Die Kirche ist offen, er erlebt große Freundschaften. Das Vertrauen zu den Brüdern wächst, vor allem zu den Betagten und Kranken. 25 der verbliebenen Mönche sind älter als er, 20 haben das 80. Lebensjahr überschritten. „Wir sind nicht auf Erden, um hierzubleiben. Der Tod ist unsere eigentliche Berufung." Illusionslos sieht er die Zeit, die ihm noch bleibt. Gedichte schreiben ist seine Art, sein Leben zu erzählen. „Eines Tages liegt man krank auf seinem Bett und denkt an die Frau, die man nicht gehabt hat. Man betet und fragt, wem sein Herz gehört. Wichtig ist, noch einmal neu aufzustehen. Das sind österliche Erfahrungen. Man wird es schaffen."

Von Pater Jean-Baptiste Muard, dem Gründer der Abtei La Pierre-qui-Vire, gibt es zwei kennzeichnende Porträts. Zunächst ein Bild, das ihn 1850 als 40-jährigen Benediktinermönch zeigt: Ein kahler, runder Schädel, die Tonsur schon ergraut, die dunklen Augen zugleich mild und skeptisch, die Nase spitz, ein breiter Mund mit dünnen Lippen. Etwas schüchtern, von der Welt abgewandt. Nachdem der Erschöpfte bereits fünf Jahre später starb, sieht seine Totenmaske ganz anders aus: Um Augen und Mund spielt ein Lächeln, er strahlt einen tiefen Frieden aus. Er ist durchgebrochen in die ganz andere Welt, nach der er sich ein Leben lang gesehnt hat.

Bereits 1830 im Großen Seminar des Klosters von Sens äußerte der junge Muard den Wunsch, als „Missionar" zu arbeiten. Entweder in fernen Ländern oder im entchristlichten ländlichen Frankreich. 1839 hat er vor dem Tabernakel eine Vision und schließt sich einer Priestergemeinschaft an. Erstmals begegnet er Jean Vianney, dem späteren heiligen Pfarrer von Ars. 1845 folgt in der Nähe der Abtei Pontigny eine zweite Vision, die ihn veranlasst, einen neuen Orden der Armut, Demut und Abtötung zu gründen. Drei Jahre später reist er nach Rom und Subiaco und entdeckt die Benediktinerregel. Es folgt ein Noviziat bei den Trappisten in Aiguebelle. Am 2. Juli 1850 zieht er mit vier Brüdern nach La Pierre-qui-Vire, von dem man sagt, es sei „eine Wüste Thebais in den Wäldern". Schon im Oktober legen die fünf die ewigen Gelübde ab. Die Einsiedelei, in die sich Muard zurückzog, ist erhalten geblieben; ein am Fels gebautes Häuschen mit Strohdach, einem Schafstall gleich. Die harte Arbeit bei Brot und Wasser, die im Detail befolgte strenge Regel mit Buße und Nachtwachen fordern bald Tribut. Doch schreibt ein Zeitgenosse: „Seine Sehnsucht nach dem Tod hat viel dazu beigetragen, ihm eine gute Gesundheit zu bewahren." Als er am 19. Juni 1850 stirbt, heißt es in einem Nachruf: „Sein Leben war eine Reihe von Abschieden ... das Bedürfnis sich zu bewegen, Bedürfnis eines unruhigen Herzens."

160 Jahre später ist das einstige La Pierre-qui-Vire nicht wiederzuerkennen. Jahrzehntelang war es die führende Abtei Frankreichs. Trotz der strengeren Observanz konnte man sich der Anwärter kaum erwehren. Das Bedürfnis nach größerer Einsamkeit, nach

Natur und Nachtgebet entsprach einem Zeitgefühl junger Menschen, denen das Leben in der tanzenden lauten Welt nicht reichte. Der amerikanische Trappist Thomas Merton war ein Vorbild dieser Generation, die jenseits des Wohlstands andere Ufer suchte: „Dass wir uns keine Zeit nehmen, liegt an dem Gefühl, ständig in Bewegung bleiben zu müssen. Das ist eine echte Krankheit. Wir leben in der Fülle der Zeit. Jeder Moment ist Gottes eigene gute Zeit, sein Kairos. Letztlich läuft die ganze Sache darauf hinaus, uns im Gebet nicht der Entdeckung zu verweigern, dass wir längst haben, was wir suchen. Wir brauchen nicht hinterherzuhetzen. Es war schon die ganze Zeit da, und wenn wir ihm Zeit geben, wird es sich uns erschließen."

Der 1949 in Lyon geborene Gastpater Guillaume ist ein typischer Repräsentant dieser Generation. Seine Familie gehörte zu den besseren Kreisen. Alles gelang, die Welt lag ihm zu Füßen. Als im Mai 1968 auf den Pariser Boulevards die Pflastersteine flogen, stand er auf der anderen Seite der politischen Barrikaden und beteiligte sich als 19-Jähriger an der Demo für General de Gaulle. Problemlos schaffte er sein Ingenieur-Studium und fand gleich einen Job. Doch, so sagt er heute: „Es war eine unbefriedigende Existenz, eine Sackgasse." Tiefer darin eindringen zu wollen, macht keinen Sinn, man spürt, dass er uns die Details ersparen möchte.

Kurioserweise verbrachte er 1973 die Ferien in einem Landhaus seiner Eltern in der Nähe von La Pierre-qui-Vire. Vorher hatte er bereits die Regel des hl. Benedikt und Kierkegaard gelesen. Bei einem Besuch im Kloster, dem bald acht Einkehrtage folgten, war alles klar: Gebet und Einsamkeit – das Leben, das er suchte. Der Abt Denis sagte ihm: „Kommen Sie und wir werden sehen." Bereits im November 1973 trat er ein. Er war angekommen.

Die neue Zeit begann mit einem Noviziat, das er geliebt hat. „Es ist wie ein Abenteuer", schwärmt er noch immer. „Man hat alles zu lernen. Hier werden die Fundamente gelegt. Es ist wichtig, sich dem Novizenmeister anzuvertrauen, ihm das Herz zu öffnen. Er schaffte auch die Kontakte in der damaligen großen Gemeinschaft. Beunruhigte fallen gleich auf, alles nicht immer einfach. Doch ich war sehr glücklich. Wenn der Versucher Unruhe schaffte, habe ich alle Entscheidungen, auch später bei den Gelübden, in der Freude getroffen."

Das klassische Studium der Philosophie und der alten Sprachen hat den ehemaligen Ingenieur fasziniert. Von Augustinus bis Heidegger vertiefte er sich in den Existenzialismus. Es entsprach den Erwartungen seiner Generation, doch wurde alles durch das Christusmysterium des hl. Paulus vertieft. Besonders hat er Altgriechisch geliebt, da es ihm die Möglichkeit bot, die Evangelien im Urtext zu lesen. „Das ist ein großer Unterschied, wie Wasser an der Quelle. Begriffe und Namen mit einer ganz anderen Tiefe. Worte in neuer Nähe."

Das vor einem halben Jahrhundert einberufene II. Vatikanische Konzil hat im Jubiläumsjahr Bruder Guillaume auf neue Weise interessiert. Für einen Vortragszyklus im Rahmen der Gemeinschaft wurde er mit dem Thema „Die Erklärung über die Religionsfreiheit" beauftragt. Die jungen Brüder baten darum. Jetzt sieht er die Zusammenhänge aus einer anderen Sicht als damals in den Berichten des römischen Korrespondenten der Zeitung „Le Figaro". Die starre Haltung des im Übrigen gütigen Kardinals Alfredo Ottaviani fordert ihn heraus: „Wir leben nicht in einer unbeweglichen Welt. Man verweigert nicht die Zeichen der Zeit." La Pierre-qui-Vire hatte nach der Liturgie-Reform keinen Ritusstreit zu überstehen. Die Volkssprache schaffte neuen Schwung. Ansonsten befriedete die kluge Hand von Abt Denis diese Jahre des Umschwungs. Äußerlich kürzte man das Habit um die Hälfte und schaffte einen Kompromiss zwischen klösterlicher Kapuze und grauer Hose.

Als Gastpater obliegt dem 64-Jährigen heute eine große Verantwortung. 4000 Besucher kommen jährlich nach La Pierre-qui-Vire. Die Aufsicht über die Zentrale zur Stromerzeugung wurde ihm anvertraut. Viele Gespräche, viele Kontakte. Aber das fordert die Vielfalt der großen Abtei, die ökonomisch und ökologisch gesund ist. Neben den Werkstätten eine Bio-Landwirtschaft. Neben dem Klosterladen die Künste. Bruder Ywan arbeitet als Töpfer, Bruder Yves malt, Bruder Servan schreibt, dazu noch Musiker und Bildhauer. Die Kunstbuchreihe „Zodiaque" hat die Abtei international bekannt gemacht. Ihre Gründungen in allen Kontinenten zählen 500 Mönche.

Die kleiner werdende Gemeinschaft schafft Lücken. Manche Betagte sieht man nur noch beim Essen im Refektorium. Gebeugte Männer mit zitternden Händen, von den Jungen liebevoll versorgt. Von den 40 Mönchen erscheint nur noch die Hälfte zum Nachtoffizium, das von 2 bis 3 Uhr andauert. Manche sagen, es sei die eigentliche „monastische Zeit". Man öffnet das Fenster und riecht den Wald, Sternenhimmel, die Stille kennt Tausende Sprachen. Diese Vigil, in deren Anschluss sich die Mönche noch einmal für drei Stunden hinlegen, gehörte zu den „Abtötungs"-Observanzen des Gründers. Es wird nicht leicht, sie weiter so beizubehalten. Die Sonntagsvigil findet, zusammen mit den Gästen, bereits um 20.45 Uhr am Vorabend statt. Weitere Änderungen sind nicht ausgeschlossen. Bruder Guillaume geht bei all seinen Anforderungen nur noch dreimal nachts in die Kirche. Er bedauert das, denn: „Die Nacht ist schön!"

Die geringe Zahl der Neueintritte stimmt Bruder Guillaume nachdenklich. Während die Klöster in Asien und Afrika florieren, leidet auch La Pierre-qui-Vire unter der europäischen Berufungskrise. Sie ist ein Phänomen: Abwehr einer größeren Liebe. Zurzeit sind nur zwei Novizen hier, die jedoch beide bereits das vierzigste Lebensjahr überschritten haben. Das ist die Situation der Zeit, junge Menschen möchten sich nicht engagieren, wo auch immer. Erst viel später öffnen sich ihnen neue Wege. Der Gastpater, der sozusagen an der Schleuse zwischen zwei Welten steht, bekommt diesen Konflikt ständig zu spüren. Suchende kommen, Traurige gehen, wenige bleiben. Er ist Gesprächs- und Beichtvater für existenzielle Entscheidungen. Er kennt den Ton dieses unruhigen Tastens und versteht darauf demütige Antworten zu geben.

„Was wissen wir denn?", fragt er mit ausgestreckter Hand. „Vielleicht wird die Abtei La Pierre-qui-Vire in einigen Jahrzehnten nicht mehr bestehen. Die Geschichte der Kirche und Klöster lehrt uns ein ständiges Auf und Ab. Vom grandiosen Cluny bis zu den irischen Ruinen. Doch ist es nicht schön, nichts anderes zu tun, als Gottes Fügungen zu folgen?"

Kapitel 10

Wüstentage in La Verne

D ie Fahrt hinauf zur Kartause von La Verne ist ein Abenteuer. Colombrières, das letzte Dorf, liegt 11 Kilometer entfernt. Die Straße wird enger und enger. Alle hundert Meter eine scharfe Kurve. Überall ungesicherte Abhänge, Warnschilder. Eichenwald, Kastanienwald, Hochwald. Im Winter schwer zugänglich, im Januar ganz geschlossen. Kaum Gegenverkehr, doch dann wird es riskant, einer muss ausweichen. Wildbäche stürzen schäumend zwischen den schwarzen Felsen hinunter. An eine Umkehr ist nicht mehr zu denken. Dann nur noch ein Schotterweg, abgebrochene Äste, Steinschlaggefahr, erste Aussicht auf eine Klosterfestung. Wie auf dem Berg Athos auf einem Bergsockel erbaut, wie ein Nest, das auf dem Felsvorsprung klebt. Macht und Schrecken des Jahrtausendealten. Wer sich hierher zurückzieht, hat Abschied genommen, will von der Welt nichts mehr wissen, sucht Weite, Höhe. So sind heilige Berge, sie drängen himmelwärts und suchen radikale Nähe.

Allein schon der Name „Kartause" und „Massiv der Mauren" lehren das Gruseln. Ahnungen von eingemauerten Eremiten, von Todessehnsucht, strengem Schweigen, Nachtwachen und Schlafen im Sarg. Die Mauren haben nachweislich das Tal unsicher gemacht. Beherrschung durch muslimische Eindringlinge und finstere Religionskrieger. Furcht vor der Macht der Fremden.

Solche Gedanken kommen, wenn man in 648 Meter Höhe das befestigte Kloster erreicht. Über dem eisenbeschlagenen Portal eine Marienstatue aus grünem Serpentinmarmor und das Kreuz. Kompromisslos der Wahlspruch der Kartäuser: „Stat crux dum volvitur orbis" – das Kreuz steht fest, während die Welt sich dreht.

Das ist eine illusionslose Kampfansage. Es gibt in der katholischen Kirche keinen kühneren Orden.

Das hohe Tor macht die darin befindliche Eingangstür noch kleiner. Fast ein Schlupfloch, durch das die genehmigten Gäste eintreten dürfen. Eine Sprechanlage weist alle anderen in freundlicher Entschiedenheit ab. Es bedarf eines Sonderschlüssels und eines Geheimcodes, in jedem Fall wird um 17 Uhr geschlossen. Das Hotel in Grimaud, in dem ich eine schlechte Nacht verbrachte, liegt in unerreichbarer Ferne. Keine heiße Schokolade mehr auf der Terrasse, wo eine junge Frau saß, auf ihrem PC klimperte und mit einer schwarzen Haarsträhne spielte. Bis St Tropez nur acht Kilometer. Die Küste der Schönen und Reichen. Wer La Verne betritt, sollte wissen: Hier ist die Endstation irdischer Genüsse

Das Kloster ist eine echte Kartause geblieben: streng, etwas abweisend. Doch bietet ein Förderkreis Führungen an. Es geht auf und ab über die alten Wege, vorbei an den massiven Mauern. Die Mühle, die Bäckerei, der kleine Kreuzgang sind noch zu besichtigen. Der große Kreuzgang mit den Häuschen der Einsiedlerinnen liegt hingegen innerhalb der Klausur und ist für normale Besucher nicht erreichbar. In einem Gewölbe laufen Video-Filme über das verborgene Leben der Schwestern. Die Mönche, die im Mittelalter hier gelebt haben, waren harte Arbeiter. Die Touristen werden still. Das haben sie noch nicht gesehen.

Schwester Eve Marie ist klein und spontan, das macht sie gleich sympathisch. In ihrer Hand hält sie einen wollenen Rosenkranz, den sie ständig bewegt. Unter ihrem Schleier graue Augen, denen nichts entgeht. Lächelt sie, kringeln sich zwischen Nase und Ohren kleine Falten. Sehr mütterlich, aber man muss sich diesen Anblick erst verdienen. Schaut man ihr in die Augen, ist sie jung. Dann folgen die in diesem Haus der verschlossenen Türen unverzichtbaren Informationen und die Schlüsselübergabe. Die

Geheimzahl ist kompliziert, man muss sie notieren. Die beiden Empfangszimmer heißen „Bethanien" und „Ain Karim", biblische Namen, die viel verraten über das strenge Leben, das hier geführt wird. Ab jetzt muss man alles, was Tag und Nacht geschieht, im Licht liturgischer Symbole und Gesten verstehen. „Wir leben die Liturgie", lächelt die Gastschwester. Zwischen einem Bibelvers und einer Treppenstufe gibt es verschwiegene Übergänge.

Eve Marie legt Wert darauf, dass sie und ihre dreißig Schwestern keine Kartäuserinnen sind, sondern offiziell von der Kirche als „Orden von Bethlehem, der Himmelfahrt Mariens und des heiligen Bruno" anerkannt wurden. Eine lange, etwas schwierige Bezeichnung. Doch will sie nicht leugnen, dass ihre Nähe zum Kartäuserorden fließend ist. Der aus Köln stammende heilige Bruno, ein im 11. Jahrhundert in Reims lehrender Magister, der im Bergmassiv der Chartreuse ein Eremitenkloster gründete, ist der Garant für diese Nachbarschaft. Er schrieb über die Einsamen: „Sie halten heilige, beharrliche Wache in der Erwartung der Wiederkunft ihres Herrn, um ihm zu öffnen, sobald er anklopft."

Eve Marie trägt das weiße Habit der Kartäuser und ein blaues Kopftuch über dem Schleier. Dazu einen Ledergürtel und eine Kapuze, die sie meist aufbehält. In der Kirche kommt noch eine Kukulle hinzu, sie sind ganz davon umgeben. Sie nennen es „von Christus umfasst sein", das ist ihr Ziel: Ergriffenheit. Früher haben Mönche und Nonnen in diesem Gewand geschlafen, sie erwarteten den wiederkehrenden Herrn auch in der Nacht. Es könnte eine Erklärung dafür sein, was sie hier umtreibt. Von Stunde zu Stunde warten. Die Endzeit steht bevor, die Parusie bricht bald an, vielleicht schon heute, vielleicht um Mitternacht. Ad matutinum Christus venit – im Morgengrauen kommt der Herr.

Die Schwester wird mich in der nächsten Woche nicht nur gastlich, sondern auch spirituell begleiten. Das ist völlig neu, doch

geschieht es gleich in einem Vertrauen, das immer wieder überrascht. Für ein gutes Gespräch lässt sie alles stehen und liegen.
„Wir nehmen es hier mit der Zeit nicht so genau", sagt sie und
lässt die Glocke zunächst einmal Glocke sein. Manchmal beginnen Stundengebete mit beachtlicher Verspätung, einmal fiel sogar
eine Messe aus. Auch das ist orientalisch-ostkirchlich: Ein anderer
Zeitbegriff. Es können Ereignisse plötzlich Vorrang haben, mit denen niemand gerechnet hat.

Mein Zimmer im ersten Geschoss trägt den Namen „Heiliger
Johannes". Das ist programmatisch. Wir haben unseren ältesten
Sohn nach dem Täufer benannt. Dessen Rufe aus dem Kerker und
seine schreckliche Hinrichtung durch das Schwert, veranlasst
durch eine dominante Konkubine, haben mich immer beeindruckt. So etwas erfindet man nicht. Guardini hat über Johannes
ein starkes Porträt geschrieben. Mein liebstes Athoskloster ist das
rumänische, dem Vorläufer und letzten Propheten Johannes dem
Täufer geweihte Prodromou. Ein Schmunzeln über solche Details,
doch hier muss man alles ernst nehmen.

An sich ist mein Zimmer kein Zimmer, sondern eine „Suite" von
zwei Räumen, die durch einen sechs Meter langen Gang getrennt
sind. Der Fußboden, die Wände, die Decke aus Tannenholz. Es
duftet noch und gibt dem Wohnen eine sonderbare Leichtigkeit.
Es ist die Innenarchitektur einer Kartäuserzelle: Ein Bet- und Ess-
zimmer, ein Schlaf- und Arbeitsraum. Der Zwischengang dient
in den langen Wintermonaten als Spazier- und Aufwärmstrecke,
Tausende Male hin und her. In der Küchennische Kühlschrank,
Mikrowelle, Kaffeemaschine. Keine Spur von Luxus, doch es fehlt
an nichts, um zu überleben.

In der Gebetsecke eine Ikonostase mit zwei Flügeltüren: Christus mit ernstem Blick, die Muttergottes mit Kind. In der Mitte, hinter einer brennenden Kerze, die Dreifaltigkeitsikone von Andrej

Rublev: die drei geheimnisvollen Männer bei den Eichen von Mamre. Darunter die aufgeschlagene Bibel, Jesaja 7, 4: „Bewahre die Ruhe, fürchte dich nicht!" Gegenüber ein Gebetsstuhl, aufklappbar und mit Armstützen, dazu ein Schemel, der es erlaubt, zugleich zu sitzen und zu knien. Eine Haltung gelassenen Verharrens vor den heiligen Bildern. Unübersehbar: Schwester Eve Marie hat zur Begrüßung einen frischen Mimosenzweig über die Seiten aus dem Alten Testament gelegt. Rührend, man bleibt gerne dort stehen.

Im Schlafraum ein kleiner Schreibtisch am Fenster. Der Blick geht weit hinaus über die Höhen und Tiefen des Massivs. Nichts als dunkler Bergwald, in der Ferne das Mittelmeer. Vor der Marien-Ikone die Liste der Tageszeiten. Die Leselampe wird auch nachts helfen. Vom Bett aus sieht man ein Holzkreuz. Der Kleiderschrank ist eingebaut, daneben Toilette und Dusche. Alles ist da, um allein zu sein. Vor der Eingangstür steht ein Schemel für den Essenskorb. Unbemerkt wird er am Vormittag und frühen Abend wie ein „Tischlein deck dich" gefüllt. Jeder isst für sich allein. Eine Suppe, etwas Fisch und Obst. Wein gibt es nicht. Nur Wasser und Brot.

In der Nacht wird der Raum noch enger, die Einsamkeit größer. Manchmal das Gefühl, in eine holzgetäfelte Gefangenschaft geraten zu sein. Die Decke über dem Kopf, finde ich keinen Schlaf. Innere Unruhe, es hier nicht auszuhalten. Nachdenken über Fluchtwege. Dunkelheit und Stille machen alles dramatischer. Diese Zelle kann beides sein: Heimat oder Fluch.

Doch dann kommt der neue Tag in befreiender Helle. Sonne auf den Wänden und den roten Ziegeldächern. Strahlend blauer Himmel. Der angekündigte Mistral-Sturm, der sich am Vorabend über dem Meer zusammengebraut hatte und die Mündungsarme der Rhône hinaufdrängte, ist nicht gekommen. So weit man sieht, Berge und Wälder. Eve Maries Korb vor der Tür, der Genuss eines Frühstückes. Selbst gebrauter Kaffee, Brot, Aprikosenmarmelade.

Sie klopft noch einmal an, nur um einen neuen Mimosenzweig zu bringen. Das sind ihre kleinen Gesten, die das Herz erwärmen. Jetzt möchte man nichts anderes als hier sein.

In der Mittagsstunde wird die Stille noch größer. Keine Schritte mehr auf dem Hof, keine Geräusche der Klausurtüren. Am offenen Fenster Blicke auf die Herrlichkeit, die alles umschließt. Noch höhere Gipfel, noch fernere Wälder. Zwischen dem Schweigen des Klosters und der Weite des Gebirges ist ein Gleichklang. Wer berufen ist, kann das ein Leben lang aushalten. Fern vom Lärm der Welt und ihren sehnsüchtigen „Oasen der Stille" in den Großstädten.

Tag für Tag arbeiten die Menschen am Untergang des Paradieses der Stille. Sie möchten es anders und können nicht mehr. Das Getriebe fordert seinen Tribut und blinde Gefolgschaft. Man muss auf die Berge oder in die Wüste fliehen, um zu entkommen. Besucher von Klöstern reiben sich die Augen. Sie glauben Engelsstimmen zu hören und ein tiefes Rauschen aus der Nacht der Zeiten. Ein Hauch vom Reich Gottes, fern und greifbar nah.

Am Nachmittag kommt Schwester Eve Marie. Ein vorsichtiges Anklopfen, als müsse sie hier um Einlass bitten. Wenn sie nach dem Befinden fragt, meint sie gleich das Herz. Den Herrn wirken lassen, „schon etwas im Himmel sein". Jedenfalls darauf hin leben. Erneut ihr Hinweis, dass hier oben alles „Liturgie" ist. Byzantinische und hebräische Gesänge stimmen darauf ein. Es sind nur leise Anklänge am Ende der Hymnen, sie sollen andeuten, dass sie bald längere Fortsetzungen finden werden. Die schwebenden Melodien, das ist ihre Art der Ökumene in der Musik Ausdruck zu verleihen. Aus dem Osten kommt das Licht. Man versteht kein Wort, aber man weiß, es ist die Sprache der Quellen. So, wie es in den Psalmen über Zion heißt: „All meine Quellen entspringen in dir." Aber eine Tür öffnen oder einen Teller spülen kann nicht minder liturgisch sein. Spiritualität des Alltags, Heiligung des Einfachen. „Demut", sagt sie, „ist unverwundbar, man kann sie nicht unterwandern." Orientalisch und demütig ist auch die Liebe für die Weisungen der Wüstenväter aus dem 4. Jahrhundert. Radikale Tiefe des Christentums, die Sprache der Ein- und Ausgesetzten. Nach 66 Einsiedlerjahren antwortet ein alter Mann auf die Frage, wie weit er im Glauben vorangekommen sei: „Ich beginne heute."

Die Dunkelheit ist schnell gekommen, der Himmel schon voller Sterne, groß und flackernd, wie van Gogh sie in Arles gemalt hat. Die Vesper dauert fast eine Stunde. Die Kirche ist im romanischen Stil erbaut, eng und mit einem Tonnengewölbe. Alles in milden gelbgrauen Farben. Das Chorgestühl mit Sichtblenden, die jede Schwester für sich allein lassen. Drei Stufen führen zum Altartisch, daneben ein hohes Kreuz, alles in den Schatten stellend. Das Korpus des Durchbohrten reicht fast bis zum Boden. In der Apsis ein schmaler Lichtspalt, der sich am Abend grün und blau färbt. Der Platz für die Besucher befindet sich auf der Empore. Man blickt hinab wie auf ein Spielfeld.

An sich ist hier der Gottesdienst wie ein Spiel mit einer Choreografie, selbst dann, wenn die Schwestern nach der Vesper noch lange schweigend auf ihren Plätzen bleiben. Man glaubt, sie lieben die Verlängerung. Einige Kerzen flackern, ein Rest von Weihrauch, sonst nur noch Schattengestalten, manche einfach hingeworfen auf den Boden. Verehrung bis zum Letzten. Es sind zugleich zärtliche und dramatische Szenen. Bei Anbruch der Nacht Fortsetzung der Psalmen mit anderen Mitteln. Dahingeschmissene Frauen vor dem Allerheiligsten. Noch ein Kniefall, noch eine Verbeugung, es nimmt kein Ende.

In der Nacht flimmern unten am Golf die Lichter von St Tropez. Der Gegensatz könnte nicht heftiger sein. Zwei Formen der Freiheit stehen sich gegenüber: Das strenge Bergkloster und der mondäne Badeort. Der brennende Dornbusch und das Goldene Kalb. Der

Kreuzgang und die Strandpromenade. Dreißig Beterinnen und die Lust der Welt. Die klugen und die törichten Jungfrauen. Nachtwachen und Nachtleben. Slawische Gesänge und russische Millionäre. Fastenzeit und Haute Cuisine. Verhüllte Frauen unter dem Kreuz und nackte Schönheiten. Wenn in den Bars von St Tropez der Morgen graut, gehen in La Verne die Schwestern zum leeren Grab.

Sonntagmorgen. Schwester Anne schneidet an der Klausur die Rosenstöcke. Kein anderes Geräusch als das leichte Knacken, wenn das trockene Holz bricht. Geläut vor der Eucharistie, es hört erst ganz langsam auf, immer wieder Schläge in größeren Abständen. Zunächst segnet der Priester den Altar mit Weihrauch. Dichte blaue Wolken über dem Steintisch. Dann erfolgt die Wasserweihe und die Passage aus dem Misere-Psalm: „Entsündige mich mit Ysop, dann werde ich rein; wasche mich, dann werde ich weißer als Schnee." Jede Schwester tritt einzeln vor und wird mit einem Lorbeerzweig berührt.

Lesung über Gott und Moses auf dem Sinai: „Ich bin der ich bin." Evangelium über den eingestürzten Turm von Schiloach und den Ruf nach Bekehrung. In seiner Predigt sagt der Priester: „Gott ist der Heilige, der Transzendente, der ganz andere." Sich bekehren bedeute, sich von allem abwenden, was nicht Gott ist und damit Anlass des Todes. Weihrauch steigt wie dichter Nebel auf. Während der Wandlung werfen sich die Schwestern zu Boden. Seitlich gekrümmt nach dem Kartäuserritual. Sie liegen da wie Leichen. Den Friedensgruß bringt die Priorin zu den Gästen auf die Empore. Zwei starke Hände und strahlende Augen. Zur Kommunion wird die Hostie in den Weinkelch getaucht. Bei jeder der dreißig Schwestern erfolgt der Ruf des Priesters: „Der Leib Christi, das Blut Christi." Jedes Mal erschütternde Wiederholung.

Am Morgen waren die Schwestern auf ihrem sonntäglichen Spaziergang. In kleinen Gruppen vier Stunden unterwegs im Gebirge.

126

Da sieht man sie mit schweren Wanderschuhen und ihren weißen Gewändern im Wind. Man hört sie lachen wie die Kinder. Dann verschwinden sie wieder auf dem Feldweg im dichten Grün der Kastanienbäume. Der Sonntag ist eine Pause in ihrem einsamen Leben. Sonst verbringen sie jeden Tag und jede Nacht in ihrer Zelle. Hier werden die Stundengebete verrichtet und die Mahlzeiten eingenommen. In der Kirche versammeln sie sich nur um 7 Uhr zur Matutin und um 18 Uhr zur Vesper mit anschließender Eucharistie. Bereits um drei erheben sie sich und verrichten allein das Nachtoffizium.

In ihrem Stundenbuch zur Fastenzeit spielt die Zahl 40 eine wichtige Rolle. Die Zahlensymbolik ist aus der mozarabischen Liturgie übernommen. Moses ernährte sich während 40 Tagen vom Wort Gottes. Elia blieb 40 Tage in der Höhle auf dem Horeb und hörte die Stimme Gottes im säuselnden Wind. Jesus fastete 40 Tage in der Wüste, vom Teufel bedrängt. In der zweiten Vesper vom dritten Fastensonntag singen die Schwestern, wie im Widerstand gegen die Versuchungen der Bußzeit, das Lob der Schöpfung und die Hymne „Frohes Licht" aus dem 2. Jahrhundert. Doch dann erfolgt in vierfacher Wiederholung das drängende Gebet: „Herr, ich schreie zu Dir, erhöre mich Herr. Erhöre mich, wenn ich zu Dir schreie, o Gott, höre meinen Ruf, wenn ich zu Dir schreie. Wenn ich zu Dir schreie, erhöre mich. O Herr, höre mein Gebet."

Danach einbrechende Dunkelheit. Kein Mensch mehr, uralte Mauern der Kartause, leere Fenster. Der Vespergesang war leidenschaftlich, fast ein Übermaß. Sie gehen bis an die Grenze. Die Gemeinschaft ist noch sehr jung. Man hört und staunt. Auch über die drei Anwärterinnen im Fond der Kirche, die begeistert ihre Arme ausbreiten und sich in Jeans auf den Boden werfen.

Eve Marie kommt mit einer halbstündigen Verspätung. Wir nennen diese Terminplanung „die Dynamik des Vorläufigen". Über ihre Biografie schweigt sie. Ich starte zwei Versuche und gebe es auf. Doch erzählt sie von einer Pariser Studentin, die nicht mehr ein noch aus wusste, einfach in eine Kirche stürzte und sagte: „Tue was für mich." Dann fiel die Gnade auf ihre Schultern. Plötzliche Bekehrung, Berufung, auf nach La Verne.

Die Gastschwester schwärmt vom Leben des heiligen Bruno, dessen Statue sich im Petersdom in denkwürdiger Nähe zur Confessio vor dem Hauptaltar befindet. Der 1950 nach der Verkündigung des Dogmas von der leiblichen Aufnahme Mariens in den Himmel gegründete Orden hat sich im Laufe der Zeit mehr der Einsiedler-Regel der Großen Kartause angeschlossen. Nur das gemeinsame Nachtoffizium, das Besuchsverbot und die lateinische Sprache unterscheiden sie von den strengen Mönchen. Am Sonntagnachmittag besprechen die Schwestern in kleinen Gruppen das Tagesevangelium. So sah ich sie eben im Garten unter den Mandelbäumen sitzen: singend, eifrig diskutierend, nicht allzu seriös.

Am Montag ist Wüstentag. Noch einsamer? Ich glaubte, hier sei die ganze Woche Wüstentag. Doch jetzt sind alle in ihren Zellen oder irgendwo im Wald verschwunden. Ich muss diesem Rhythmus folgen. Kein Wort, kein Schritt, der Essenskorb vergessen. Bricht ein Sonnenstrahl aus dem blaugrauen Himmel, ist die holzgetäfelte Zelle strahlend hell. Am Himmel ein Flugzeug in nordöstlicher Richtung. Wind in den Zweigen der Zypressen. Morgen soll der Mistral kommen, erste Regenwolken. Lesen der Johannes-Passion, Notizen über die Stunde der Agonie, wenn der Tag auf der Kippe steht und kein Ende nimmt. Eichmann und Saddam wurden in der Frühe gehängt. Der gekreuzigte Gott stirbt im anbrechenden Gewitter in unendlicher Einsamkeit. Der Evangelist berichtet nach dem Eintritt der Todesnachricht sachlich über die Sabbatvorschriften der Juden.

Um 16 Uhr endlich das Essen. Kurze Siesta, wach auf dem Bett, die Arme unter dem Kopf. Spiel, aus den Astknoten in der Wand

Porträts zu formen. Summende Heizungsrohre. Keine Klopfzeichen rebellierender Träume. Keine dämonischen Einflüsterungen und Ausbruchversuche. Eine Szene aus der Leidensgeschichte, der misshandelte Dornenkönig vor dem Morgengrauen. Huscht Sonne über die Dächer, verspürt man einen Hauch von bescheidenem Glück. Schmunzeln über die Lage, von dreißig betenden Jungfrauen umgeben zu sein. Die meisten tragen einen goldenen Ring, das Symbol ihrer ewigen Gelübde und nennen es „alliance", Vereinigung. Ein Juwel ihrer Vereinigung mit dem „Geliebten". So singt die Braut im Hohelied: „Leg mich wie ein Siegel auf dein Herz, wie ein Siegel an deinen Arm!" Mein Entschluss für den Rest des Tages: Mit ihnen in der Wüste bleiben.

Jemand hat mir einen Zettel unter die Tür geschoben: „Wir beten für Ihre Familie. Ihr Schutzengel möge Sie begleiten. Frieden und Freude, Ihre Schwester Eve Marie." Sie trifft mein Herz. Stille Freundschaft, große Nähe. Ich lege das Papier nicht mehr aus der Hand. Es sind Worte aus tiefer Seele, sie heben alle Einsamkeit auf. Dann ein grafologischer Versuch, ihre Schriftzüge zu deuten. Sie sind leserlich, wechselnd Groß-und Kleinschreibung. Milde Entschlossenheit, doch keine Eile. Breite Buchstaben, ein leichtes Zittern, mädchenhaft. Das „a" wie ein Klotz, das „t" wie ein Turm. Sie steht mit beiden Füßen auf dem Boden.

An den Schutzengel habe ich schon lang nicht mehr gedacht. Ich mute ihm viel zu in meinem Leben, doch dafür ist er zuständig. Sonderbar, einen persönlichen Vertrauten im Himmel zu haben, der voller Liebe wirkt, und zunächst unbemerkt eingreift. Eine Art Bergführer, der den Weg und die Gefahren kennt. Was sagt er mir heute? Langsamkeit, Gelassenheit, auf die Stille hören.

Der Wüstentag endet um 18 Uhr mit der Eucharistie, das einzige Ereignis des Tages. Ich freue mich.

Kapitel 11

Allerseelen in La Trappe

Der Friedhof von La Trappe liegt im Schatten der Abteikirche. Die Toten scheinen sich in dichten Reihen um die Mauer der Apsis zu drängen. Jeder möchte dem Allerheiligsten möglichst nahe sein. Es ist ein unfeierlicher Ort. Ein hohes Steinkreuz mit einem dramatischen Christus erhebt sich über die Kieswege. Ringsum Buchsbaumhecken, sonst weder Kränze noch Blumen. Auf den Grabkreuzen nur die Namen der hier Ruhenden und ihr Sterbedatum: Samuel, Paulus, Anselm, Columban, der Älteste aus dem späten 19. Jahrhundert. Jeder von ihnen ist ohne Sarg, nur im Ordenskleid eingehüllt, in das Loch gesenkt worden. Die Brüder haben nacheinander eine Schaufel Erde auf den Verstorbenen geworfen, bis sein Antlitz schließlich verschwand. Asche zu Asche. Die Totenliturgie der Trappisten ist von einer emotionslosen Strenge. Thomas Merton schreibt, die Leichen hätten ein „sardonisches Lächeln", etwas grimmig und höhnisch, ein letzter Gruß der Weltüberwinder. Der Tod, so heißt es in La Trappe in kühner Gelassenheit, „ist das Durchschreiten eines leichten Nebels".

Am frühen Morgen von Allerseelen stand ein blasser Mond am sternenlosen Himmel. Es ist sonderbar, in der Frühe über den Tod zu lesen. Doch liest man nicht früh genug über den Tod? Das Morgenlicht spricht dagegen. Meine Lektüre, die „Meditationen" von Wilhelm von Saint-Thierry. Er stammt aus meiner Provinzhauptstadt Lüttich, ein sinnlicher Ort. Der Autor war im 12. Jahrhundert Zisterzienserabt und mit Bernhard von Clairvaux befreundet. Wie Augustinus war er ein schonungsloser Autobiograf: „Wenn ich mit deiner Hilfe bis zum Quell der Tränen vorgedrungen bin, die aus dem Tal eines demütigen und zerknirschten Herzens wie von selbst entspringt, dann wasche ich mir die Hände darin … dann strecke ich meine Arme zu dir aus, Herr, wie der junge Falke seine Flügel zur Sonne ausbreitet, in Richtung Süden."

Nach der Laudes die Messe für die Verstorbenen in violetten Gewändern. Es bedeutet Abkehr von schwarzer Farblosigkeit, schon ist ein Hauch Auferstehung. Doch zunächst Hiskijas Lied aus dem Buch Jesaja: „In der Mitte meiner Tage muss ich hinab zu den Pforten der Unterwelt, man raubt mir den Rest meiner Jahre." Als Gegenstimme das „Lalala" eines Babys, das die junge Mutter hinten in der Kirche im Wagen hin und her schaukelt.

Im Evangelium: „Wer den Sohn sieht und an ihn glaubt, den erwecke ich am Jüngsten Tage." Worte aus dem Text des mystischen Johannes, Worte, um sich am Tag des Totengedenkens ganz fest daran zu halten.

Nach dem Segen schlängelt sich die Prozession der Mönche durch den Kreuzgang zum Friedhof. Ausnahmsweise dürfen die Gäste die Klausur betreten. An den Wänden die Kreuzwegstationen, eine Hinweistafel mit Informationen für die Gemeinschaft, gegenüber das Fenster einer Heiligen aus einer anderen Zeit. Allen voran das Vortragekreuz, von zwei Kerzenträgern begleitet und von Weihrauchwolken umfangen. Draußen macht die Kälte das Antlitz der Brüder deutlicher. Der Nobelpreisträger François Mauriac schrieb, er habe in La Trappe 19-Jährige gesehen, „doch die Alten schienen so jung wie sie". Ein schönes Bild, doch trifft es an diesem Morgen nicht zu. Manche Gesichter sind blass, gelblich und leidend. Ein junger Mönch friert, die Betagten gehen am Stock.

Dann segnet der Abt die Gräber. Psalmen-Gesang, Verbeugungen. Es ist eine nüchterne Zeremonie, die bei Regen ausgefallen wäre. Keine Ehre dem Tod, keine Trauer, keine Träne für Verluste, die hier keine sind.

Den Mönchen von La Trappe an einem solchen Herbsttag gegenüberzutreten, geht unter die Haut. Das Alter der 30-köpfigen Gemeinschaft ist ausgeglichen, nur die ganz jungen fehlen. Kranke werden zum Altartisch geführt. Ein gebeugter Bruder im Rollstuhl hat seine Kapuze übergezogen, es ist eine ergreifende Szene.

Es scheint, dass der Ehrgeiz, Jesus „zu gleichen", überlebt ist. Eher suchen sie die Freundschaft des Herrn – „Mein Gott, du mein Gott". Kein Eifer mehr, mit Bußwerken die ohnehin vergebliche Kopie zu erreichen. Sie leben in einer Bibel-Welt: Worte, Zeichen und Symbole vom Buch Genesis bis zur Geheimen Offenbarung. Auf Schritt und Tritt. Von Alpha bis Omega.

Die nur zehn Minuten dauernden kleinen Stundengebete teilen die Ereignislosigkeit des Tages in kurze Abschnitte. Von 4 Uhr am Ende der Nacht bis um 20.45 Uhr nach dem „Salve Regina" sickernde, geschichtete Zeit. Kaum Rücksicht nehmend auf die Geschäftigkeit der Welt draußen. Es herrscht das Regime der Stille. Jeder Mönch besitzt inzwischen eine eigene Zelle, ein kleiner Raum für eine intensivere Einsamkeit.

Als ich in den letzten Oktobertagen nach La Trappe kam, hatte ich zuvor die Kathedrale von Chartres besucht. Der Unterschied zwischen dem mittelalterlichen Heiligtum in der Herrlichkeit seiner Kirchenfenster und der Armut der abgelegenen Abtei kann kaum größer sein. Und doch glimmt im Rot und Gold des Altarkreuzes der Klosterkirche das gleiche Geheimnis. Da wie dort ein Rückzugsgebiet für das Mysterium. Eine Spur vom brennenden Dornbusch.

Der Laubwald des Naturparks Perche leuchtete in glühenden Farben. Selbst noch an der Klostermauer das heftige Rot des wilden Weines. Nur die Pforte von fast abweisender Höhe, die sanftere Form eines Gitters, in banaler grüner Farbe gestrichen und allein mit einem Zahlencode zu öffnen. Diese hohe Frontwand hat in ihrer Strenge etwas Faszinierendes: Sie bestärkt alle Vorurteile, mit denen das aufgeklärte Frankeich die Schweige-Mönche von La Trappe bedacht hat. Sie ist das konkrete Abbild von Zucht und Abkehr von den Genüssen der Welt. Oben in den Nischen stehen unter dem Fresko von „Maria mit den Engeln" die Skulpturen der Gründerväter des Mönchtums. Der hl. Benedikt mit dem wallenden Bart der Einsiedler, der hl. Bernhard mit Friedenszweig und dem Hirtenstab des Abtes.

„Die Pforten der Stille durchschreiten", so bezeichnen die Mönche den an diesem verriegelten Tor stattfindenden Eintritt ins Kloster. Tausende von Berufenen, Zögernden und Verzweifelten haben hier in den vergangenen Jahrhunderten den entscheidenden Schritt gewagt. Im Noviziat haben sie zwei Jahre darüber nachdenken können – „… in den Freuden und Spannungen der Gemeinschaft", heißt es fairerweise in einer Publikation der Abtei. Danach folgen die ersten Gelübde, schließlich nach drei Jahren die „ewigen". Der Mönch riskiert ganz sein Leben.

Mittags fährt ein zitternder Glockenschlag durch die Stille. Die Sonne leuchtet auf den Blättern. Etwas Wind in den Zweigen der Rotbuchen, wilde Tauben im Sturzflug. Wir essen schweigend Landwurst und Salat. Nur die Frauen tuscheln. Die Tischlesung wird aus dem Refektorium der Mönche übertragen. Sie handelt vom brutalen „geistlichen Kampf", der hier keinem erspart bleibt. Doch dann ein optimistischer Ton; er stammt aus dem Hohelied: „Der Geliebte kommt, springt über die Berge und hüpft über die Hügel." Es sind Bilder überwundener Gefährdung. Wie das von Marc Chagall gemalte Pferd, das mit Mimosen an den Hufen über die Dächer springt.

Wilhelm von Saint-Thierry, der als der bedeutendste Theologe seines Jahrhunderts galt, ist in den geistlichen Kampf wie ein todesmutiger Soldat geschritten. Er hat wie ein Hund gelitten und sich nicht gescheut, die entscheidenden Dinge dieser Schlacht beim Namen zu nennen. Er schreibt, das Verhältnis Gott-Mensch sei eine Liebe, die mit der sexuellen konkurriert. Er spürt „einen Geruch, der von Gott ausgeht". Es ist sonderbar, an Allerseelen bei ihm von der Frustration der Mönche zu lesen, denen „die großen Erfahrungen ausbleiben". Heftig dann auch in der III. Meditation seine Fragen: „Wozu hast du mir die Sehnsucht nach dir überhaupt eingeflößt? Soll sie mich nur quälen, zerreißen und töten?"

Es gibt ein anderes Buch, „Leben und Tod der Mönche von La Trappe", das dieses existenzielle Thema auf nahezu makabre Weise darstellt. Autor ist der Reformator des Zisterzienserordens, der Abt Armand-Jean Le Bouthillier de Rancé (1626–1700), eine furiose Persönlichkeit mit einem abenteuerlichen Lebenslauf. Am Hof des Sonnenkönigs und in den preziösen Salons der Pariser Gesellschaft bewirkten de Rancés Todesobsessionen immense Anziehungskraft. Er selbst hatte als theologischer Lebemann in einer leidenschaftlichen Beziehung mit der 14 Jahre älteren, begehrten Herzogin Madame de Montbazon die Genüsse dieses Milieus aus- und eingeatmet. Ihr überraschender Tod stürzte ihn in eine tiefe Lebenskrise. Bereits als Kind war er zum Kommendatarabt von La Trappe ernannt worden. Nach dem Sterben seiner Geliebten, Mätresse oder Freundin begab er sich als reuevoller Anwärter auf das Mönchsleben in die Abtei in der Normandie.

Es geschah wie auf der Flucht vor seinem eigenen Leben. Süchtig nach Buße und Wiedergutmachung ging de Rancé in seinen Observanzen so weit, dass ihn die sechs verlotterten Mönche von La Trappe vergiften wollten. Als er nach einem kurzen Noviziat in Perseigne zum Vorsteher der Abtei gewählt worden war, drängten junge Anhänger seiner strikten Disziplin in die Gemeinschaft. Die Abtei La Trappe erwarb in ganz Frankreich den Ruf einer „Kaserne" oder eines „Gefängnisses", doch übte sie in der genüsslichen Gesellschaft eine kuriose Anziehungskraft aus. Hunderte Männer jeder Herkunft und jeden Alters strebten aus Zerknirschung und Todesbereitschaft in das Kloster. De Rancé, der auf einem Gemälde mit aufgezogener Kapuze und einem Zweitagebart am Schreibpult mit einem Totenkopf porträtiert ist, liebte die totale Hingabe seiner Brüder. Tag und Nacht verschrieben sie sich den Bußübungen, lebten ohne Fleisch- und Geflügelspeisen von Wurzelgemüse, Linsen und Küchenkräutern, Fisch und Eier gab es nur für die Kranken. Die Mönche schufteten an den Sümpfen beim Roden der Wälder und verkürzten nachts ihren Schlaf. Um 2 Uhr standen sie im gemeinsamen Dormitorium auf, sonntags um 1 Uhr. Bis zu acht Stunden standen sie aufrecht im Chor und rezitierten die Psalmen.

Eine Schwester aus der deutschen Trappistinnen-Abtei Maria Frieden hat die „Erklärungen" zur Regel von de Rancé in einer spannenden Studie beschrieben: kein Verlassen der Klausur, nicht einmal aus Gesundheitsgründen; Kontakte zur Familie oder zu Freunden nur unter strenger Kontrolle des Abtes; keine Gesprächszeiten; Einführung der Zeichensprache; grober Stoff für das Habit; harte Bettstelle; Handarbeit selbst für die Kranken. Wörtlich heißt es: „In einer solchen ‚Wüste' werden Schwächen, Sünden und Charakterfehler unbarmherzig bloßgelegt, bis dem Mönch nur noch die Wahl bleibt, sich in den Abgrund der Barmherzigkeit Gottes zu stürzen – oder zu verzweifeln."

De Rancé, der am Anfang seiner Berufung dieses radikale Leben selbst auf sich genommen hatte, kannte in seinen Ansprüchen an die Klosterkandidaten keine Rücksichten: „Wer Gott liebt, muss alles hassen, was ihn hindern kann, Gott zu gefallen. Er muss all seine Kräfte aufbieten, um alles zu vernichten, was einem so lebendigen und heiligen Anliegen im Wege steht. Das heißt: er muss sich selbst vernichten ..."

Besondere Bußen und Bußwerkzeuge, wie die Selbstgeißelung, härenes Hemd oder Eisenketten erlaubte der Abt allerdings nur in Ausnahmefällen. Doch hatte die Härte des Regimes, vor allem die Speisevorschriften, die schwere Handarbeit und die langen Nachtwachen, zur Folge, dass sich in La Trappe die Sterbefälle häuften. Das Totenregister für die Zeit vor der Französischen Revolution verzeichnet 427 Verstorbene in 76 Jahren. Davon waren 100 Tote nicht einmal 30 Jahre alt. 129 waren zwischen 30 und 40. 138 zwischen 50 und 60 und 60 waren noch älter. Diese Zahlen bedeuten, dass einem von vier eingetretenen Novizen nur zwei Jahre blieben, um sich auf den Tod vorzubereiten. Die Hälfte überlebte nicht länger als fünf Jahre. Der Rancé-Biograf Alban John Krailsheimer schreibt: „Die Männer kamen nach La Trappe in der festen Entschlossenheit ihr Leben hinzugeben, und vorzugsweise schnell."

Entsprechend lesen sich auch die 1671 von de Rancé, mit Zustimmung der Gemeinschaft, erlassenen Vorschriften für die Krankenstation. Ärzte waren nicht zugelassen. Es hieß, Christus sei der Wegbegleiter der Mönche und nicht Hippokrates. Die Kranken hatten um halb vier in der Frühe aufzustehen und gemeinsam die Stundengebete zu rezitieren. Matratzen und Betttücher waren verboten, geschlafen wurde auf einer Pritsche. Fleisch und Bouillon wurden erst nach vier Fieberanfällen gestattet. Die Sterbesakramente wurden in der Kirche erteilt; vom Krankenpfleger gestützt oder getragen, kehrte der Schwerkranke auf sein Lager zurück, das mit Asche bestreut war. Eine Apotheke gab es nicht. Selbst im strengsten Winter wurde das Feuer erst um 8 Uhr angezündet. Verstöße gegen die Vorschriften mussten einmal wöchentlich im öffentlichen „Krankenkapitel" gebeichtet werden.

Die Berichte von de Rancé über das Sterben seiner Mönche zeugen von einer erschütternden Todessehnsucht. So etwa bei Bruder Benedikt, der im Alter von 32 Jahren am 20. August 1674 an Lungenentzündung starb. Vier Tage vor seinem Tod antwortete er dem

Abt, der sich nach seinem Befinden erkundigt hatte: „Ich betrachte meinen Todestag wie ein Fest, wie eine Hochzeit. Ich habe nicht den geringsten Wunsch nach den Dingen dieser Welt …" Bruder Denis starb am 20. Juli 1675, nur zwei Jahre nach seinem Eintritt in La Trappe. Als ihn der Krankenpfleger, auf Anweisung des Abtes, auf Stroh und Asche bettete, sagte er: „Mein Vater, sie bringen mir die Mittel, um zum Himmel zu gehen." Auffallend ist, dass alle Sterbenden eine besondere Liebe für de Rancé hegen, der sie wie ein Vater umgibt. Schmerzen und Fieber scheinen keine Rolle zu spielen. Die Leiden der Buße gehen zu Ende. Nichts anderes als Heimweh nach dem Paradies. Der nahe Tod ist nur noch ein Übergang in die Herrlichkeit.

Nach den Reformen der Zisterzienser-Observanzen, nach Krisen, Blütezeiten und dem II. Vatikanischen Konzil, das den Orden zu neuen, liberalen Konstitutionen veranlasste, ist von Abt Armand de Rancé nur noch in Legenden und wissenschaftlichen Abhandlungen die Rede. Tapfer sind diese bemüht, seinen bevorzugten Begriff „Buße" als „Liebe" zu übersetzen. Es fällt schwer, daran zu glauben. Man nennt es „Last und Lust der Legende". De Rancés Nachfolger in La Trappe gehen ganz andere Wege. Eine Heiligsprechung ist nicht erfolgt. Sein Grab wurde nie gefunden.

Allerheiligen 2012: Die Liturgie beginnt mit der ersten Vesper. Vor dem Altar stehen rote und weiße Gladiolen. Das Kreuz ist mit Herbstlaub geschmückt. Die Mönche singen in einer Hymne: „Das Paradies feiert heute ein herrliches Fest." In den Fürbitten wird der Suchenden, der Armen im Glauben, der Unheiligen gedacht. Wir gehören alle dazu.

Ich war am Nachmittag im Wald unterwegs. Vorbei an den Weihern geht es zur „Eiche von de Rancé". 1692, kurz vor seinem Tod, ist sie gepflanzt worden. Mit einem Umfang von 4,30 Metern steht sie 30 Meter hoch zwischen den Laubbäumen. Ob der Abt je hier war, weiß kein Mensch. Staatspräsident François Mitterrand hat dem einsamen Ort die Ehre erwiesen. Hier ist alles, was ein Märchen ausmacht: dichtes Moos, eine Spur Unsicherheit, Schreie der Eichelhäher, ein Jäger mit geknicktem Gewehrlauf, eine einsame Reiterin. Ihre Bewegungen im Galopp zwischen den Baumstämmen.

Am Ende der Komplet singt die Gemeinschaft das „Salve Regina" zur Mutter der Barmherzigkeit: „Wir verwandte Kinder Evas seufzen im Tal der Tränen." Dann beginnt das „große Schweigen". Ich schreibe in mein Notizbuch: „Reinheit ist Sehnsucht, durch eine Frau erfüllt."

Heilige, so heißt es in der Predigt zum Fest, seien Sünder, denen verziehen wurde. In der Apokalypse ist von jenen die Rede, die „aus der großen Prüfung kommen und ihre Gewänder im Blut des Lammes waschen". Im Chor steht ein siebenarmiger Leuchter. Sonne bricht durch die Heiligenfenster. Weihrauchwolken, wie ein Schleier. In den Seitenkapellen befinden sich Reliquienschreine und Ikonen; Kontraste zur bilderlosen Zisterzienser-Architektur. Zum Abschluss Anbetung vor dem Allerheiligsten im goldenen Strahlenkranz. Segen, Schweigen.

Bruder Luc lebt seit 54 Jahren in La Trappe. Als er seinem Vater den Wunsch mitteilte, hier Mönche zu werden, erhielt er zur Antwort: „Doch nicht bei diesen Wilden!" Das Hoch und Tief der Abteigeschichte hat er immer schon als symbolisches Zeichen empfunden: „Alles hat seine Zeit, auch die spirituellen Erfahrungen in einer Gemeinschaft. Es gibt verschiedene Phasen, vor allem schlimme. Die Geschichte lehrt, dass dem Niedergang die Blütezeit folgt. So ergeht es auch dem Menschen. Wir sind in der Hand Gottes."

Der Berufungskrise in den Klöstern Europas steht er gelassen gegenüber. Als er 1958 hier eintrat, waren es noch 68 Mönche.

Heute sind es nur 26. Doch er sagt: „Vielleicht ist es ein Segen." In langen Jahren als Seelsorger in Japan hat er gelernt, dass es „heilsame Krisen" gibt. So hält man es aus in leeren Kirchen und macht die Nacht zum Tage.

Bruder Luc ist ein ruhiger Mann mit feinen Gesichtszügen. Was ihn am meisten fasziniert ist der „Blick von Christus", der Gauner, Prostituierte und Süchtige nicht ausschließt. Den guten Schächer am Kreuz bezeichnet er als „den größten Heiligen", gerettet in der letzten Sekunde. Er liebt die Begegnung mit der Samariterin. Er liebt das Johannes-Evangelium: Sehen, glauben, leben. „Es gibt nur eine Frage Gottes: ‚Willst du meine Liebe?' Sie richtet sich vor allem an jene Menschen, die mit leeren Händen dastehen."

Luc erzählt, dass sich im Klostergarten eine Statue der „Lieben Frau des Vertrauens" befindet. Ein Mitbruder, Pater Bernard, hat sie aus Dankbarkeit nach dem Ende des Zweiten Weltkrieges gestaltet. Eine Madonna wie tausend andere, jedoch mit einer Besonderheit: Ihre Hände sind nicht ganz gefaltet. Es soll heißen, dass wir, obwohl ihr Gebet noch nicht richtig begonnen hat, schon erhört sind: „Wenn sie dich beschützt, hast du nichts zu befürchten."

In der Einsamkeit machen Gespräche glücklich. Am frühen Nachmittag nach dem Stundengebet spüre ich diese Freude. So ist das in Klöstern: Die Sprache der Stillen birgt heilende Kraft. Die Gottsucher haben das Wort entdeckt. Das Ereignislose ist voller Energie. Das Kreuz voller Hoffnung.

Zum Abschied zitiert Luc den Spruch eines östlichen Weisen: „Gott ist uns näher als unsere Halsschlagader." Draußen ist es kalt, er hat eine Wolljacke übergezogen und steht allein im Garten. Graue und rote Wolken, darüber flammender Abendhimmel. Etwas Sonne hinter den Tannenbäumen, glühend wie im Versteck. Ich fahre zurück nach Paris. Dann schließt sich das große Eisentor.

Kapitel 12

Advent in Cîteaux

D er erste Tag in Cîteaux ist ein vorsichtiges Tasten. Hinein
in eine andere Welt, eine andere Zeit. Gehen lernen auf
anderen Wegen. Die Botschaft der Stille entschlüsseln.
Lapidare Zeichen erkennen. Hinter einer Mauer leben. Am Früh-
stückstisch tunkt ein korpulenter Mann sein Brot in den Kaffee.
Er hat rote, bäuerliche Backen und leuchtende Augen. Wir müssen
hier schweigen, doch ich spüre seine Güte, etwas uneingeschränkt
Selbstloses. Das große Herz der kleinen Leute. Allein das genügt.

Spaziergang über Wege voller Laub im Park, der jenseits des
Bachlaufes in die Felder der „Grande Plaine" übergeht. Hier haben
im 12. Jahrhundert die Pioniere des „Neuen Klosters" gerodet. Am
Horizont, so weit der Blick reicht, die blauen Weinberge der „Côte
d'Or": weltbekannte Lagen im späten Herbstlicht. Die Glocken rufen zum Stundengebet, jetzt ist es wie immer. Die Gemeinschaft
der Mönche schart sich in der Einsamkeit der Kirche zusammen.
Ihr Pariser Baumeister schrieb über seinen Entwurf: „Ich wollte
eine Stätte, die schützt ohne einzusperren."

Die anderen Bauten sind unklösterlich abweisend, sie könnten
ein Gefängnis beherbergen. Ein großes Eisenportal versperrt den
Eingang zur Klausur. Doch hat die Gemeinschaft großzügige Räu-
me für Besucher und Touristen eingerichtet. Sie führen auch zu den
Fundamenten der Kirche der ersten Zisterzienser. Das Gästehaus
wurde renoviert, der Rundweg im Park zugänglich. Die Abtei liegt
völlig einsam in der weiten Ebene. Eine hohe Mauer umgibt die der
Landstraße zugewandte Seite. Abends sieht man die erhellten Fenster. Bewohnte Stille, etwas Wärme vor der einbrechenden Nacht.

Am Portal das Plakat einer jungen Frau mit einem mongoloiden Mädchen, wie Tinchen, unsere gute Tochter. Worte, die berühren: „Du hast meinem Herzen Orte gezeigt, die ich nicht kannte." Kraft aus der Schwäche, im Dunkel glimmendes Licht. Der Bruder Sakristan wechselt auf einer hohen Leiter die liturgische Farbe des Wandteppichs. Wie ein Zirkusartist beugt er sich über das Kreuz. Jetzt leuchtet bis Weihnachten ein violettes Tuch auf der grauen Wand. Dann nähert sich Mönchsgesang. Hinter einem Vortragekreuz betreten die Mönche die Kirche, der Abt mit Krummstab. Weihrauch, gregorianischer Choral. Die erste Vesper zum Auftakt der Adventszeit hat etwas Robustes. Sie sind kampfbereit, wollen „wachen, um nicht in Versuchung zu fallen". Eine mobilisierende Mischung: Aufmarsch und Opfergang der Wehrlosen.

Es ist Sonntag, die Kirche füllt sich mit Bauern aus den Nachbardörfern und verirrten Touristen, die das Gründungskloster des Zisterzienserordens besuchen. Die Messfeier beginnt mit einer Wasserweihe. „Asperges me, Domine" singen sie. Es ist ein Vers aus dem 51. Psalm, den David nach dem Sündenfall mit der schönen Batseba schrieb. Ein verzweifelter Ruf nach Reinwaschung – „weißer als Schnee". Dann jene erschütternde Erkenntnis: „Das Opfer, das Gott gefällt, ist ein zerknirschter Geist, ein zerbrochenes und zerschlagenes Herz wirst du, Gott, nicht verschmähen."

Beim Mittagessen wird noch immer geschwiegen, im Lautsprecher tönt die Stimme des Lektors aus dem Refektorium der Mönche. Er beginnt mit einer Auflistung der Glaubenszeugen aus dem „Martyrologium Romanum". Während wir zu essen beginnen, wird viel Blut vergossen, gefoltert, verbrannt und geköpft. Aber dann folgt eine Claudel-Biografie. Sein Bekehrungserlebnis in der Weihnachts-Vesper 1886 in Notre-Dame von Paris. Plötzlich Licht.

Im Klosterladen die Bio-Produkte aus den Trappistenabteien: Käse aus Cîteaux, Maronenkonfitüre aus Les Gardes, Waldpilze aus Brialmont, Bier aus Rochefort und Orval. Im Buchsortiment die klassischen Autoren des Ordens: Bernhard von Clairvaux, Wilhelm von Saint-Thierry, Aelred von Rielvaux. Daneben kostbare Bildbände: Geschichte, Baukunst, Handschriften der Zisterzienser, Musik und Kultur des Weinbaus. Bei den Neuerscheinungen ein großes Angebot an Büchern über das Drama der sieben ermordeten Trappistenmönche aus dem algerischen Atlaskloster Tibhirine, die „nur Beter unter Betern" sein wollten.

Die Bibliothek im Gästetrakt ist eine wahre Fundgrube. Biografien der Heiligen und der Kirchen- und Wüstenväter. Werke von Léon Bloy und Joris-Karl Huysmans, auf die mich Heinrich Böll aufmerksam gemacht hat. Die Fülle von spiritueller Literatur bei schwindender Glaubensbereitschaft. Beim ersten Durchblättern denkwürdige Spuren:
Charles Péguy: „Tatsächlich muss man sich Gewalt antun, um nicht zu glauben."
Simone Weil: „Der Atheismus reinigt die Gottesvorstellung ... und fordert geniale Heiligkeit."
Paul Evdokimov: „Das Schweigen ist eine Qualität Gottes."

Die Frage von der Bahnfahrt hierher bleibt: Wohin verschleppt mich dieses Tempo? Was zieht mich auf dem dünnen Eis des Lebens in dieses monastische Winterland? Hinter den Klostermauern herrscht manchmal Angst vor den Bezirken der Strenge. Lust zu türmen, zurück in die leere, laute Welt. Sorge, die Einsamkeit nicht auszuhalten. Noch dazu in der Fastenfarbe des Advents.

Das trifft mich nach der langen Anreise über Brüssel, Paris und Dijon. Souveräne Stille. In der Kirche sich lautlos schließende Türen, Teppichboden, der jeden Schritt schluckt, leere Wände, massive Eichenbänke, große Fenster ohne jedes Ornament. Jenseits des runden Steines einer gallo-römischen Weinpresse, die als Altartisch dient, steht der spartanische Mönchschor. Die ersten Worte, die ich hier höre, ein Jeremias-Zitat: „Meine Fehler verbergen dein Antlitz."

Spaziergang hinaus in den Wald, kalter Wind im Laub junger Buchen. Im Feld mit der Wintersaat halten sich noch einige tapfere Margeriten. Schreie der Eichelhäher im Streit um die Beute. Im Nebel die Silhouette der Abtei. In den Kronen der Bäume grüne Mistelkugeln mit all ihrem mythologischen Zauber. Was lehren die zarten Knospen, während der Winter naht?

Vor Anbruch der Dunkelheit besucht mich zum ersten Mal Bruder Michel, mein vom Abt designierter „Schutzengel". Ein hagerer Mann Mitte fünfzig. Zähe Illusionslosigkeit in seinen Augen. Zunächst glaubt man, dieses Gesicht könne aus einer Gangsterkartei stammen, doch erweist er sich als ein Mann großer Güte. Er redet kein Wort zu viel, weiß zu warten, abzuwägen. Auch spürt man, dass er viel gelitten hat in seinem Leben. Er verheimlicht nichts davon. Seine Frau hat ihn verlassen, in Paris arbeitete er als Kellner. Im Nachtleben kannte er sich aus. Dann begann er eine Weltreise mit dem Fahrrad und entdeckte plötzlich, dass er in ein Kloster eintreten soll. Sofort kehrte er um und trat in die Abtei Cîteaux ein.

Als die Glocke schlägt, erhebt er sich und sagt, sie signalisiere „das Eigentliche". Bevor er geht, ein Lächeln und die kräftige Hand. Seine schweren Schritte im Flur. Zwischen uns herrscht sofort Vertrauen.

In der Vesperhymne ein frappierender Passus: Jesus beginne „in unserem Fleisch einen langen Weg der Erniedrigung". Also auch in meinem, in deinem? Nimmt er alles auf sich, was wir uns so antun? An einer anderen Stelle heißt es: „Er weiß, was im Menschen vor sich geht."

Alles ist eingetaucht in eine Choreografie des Einfachen. Es herrscht die Dramaturgie des Ausgewischten und der Pause. Manche Brüder kommen barfuß in simplen Sandalen, andere knien bereits im Chorgestühl und tauchen jetzt wie aus einer Versenkung auf. Die Verbeugungen geschehen im Rhythmus von Gezeiten. Zu beiden Seiten weiße Wellen. Bald gelingt es mir, die Gesichtszüge zu unterscheiden. Fünfzig betende Männer, jeder mit seiner eigenen Geschichte. Ihre Haltung ist ein Vor-Gott-Stehen, auch bei den Gebückten und Alten. François Mauriac schrieb, sie glichen den jungen Novizen. Bei der Jesaja-Lesung ist von einem Festmahl die Rede, auf dem der Herr „von jedem die Tränen abwischen wird". Man glaubt der Organist variiere nur zwei Töne: Die Sehnsucht dabei zu sein leise und etwas lauter. Dann beten sie für eine geschiedene Frau, für verfolgte Christen in aller Welt, für einen im Sterben liegenden Ungläubigen. Nach einem Zeichen des Abtes verlassen alle ihre Plätze – eine im Ausgang verschwindende Reihe. Nichts regt sich mehr bis auf das flackernde Kerzenlicht vor dem Allerheiligsten.

Es sind lange Nächte, die nach dem „Salve Regina" um 20.20 Uhr beginnen. Mein breites Bett hat eine leichte, südwestliche Neigung. Das Licht ist schwächlich und auf dem Nachttisch stapeln sich die mitgeschleppten Bücher, die ich in dieser Mönchszelle für Unterhaltungsliteratur halte. Rilkes Russland-Lyrik, raunend und realitätsfern. Cathérine Millets Sexleben wie ein Gemälde anatomischer Kälte. Hans Mayers Brecht-Biografie mit dem Glauben an Gottvater Stalin, der mit Genickschüssen antwortete. Im Tagebuch von Ernst Jünger endlich spirituelle Spuren und lapidare Annäherungen an das „große Mysterium". Es wird spät, noch immer ohne Schlaf. Die Nachtvigil beginnt schon um 3.30 Uhr. Ich wage einen Hilferuf an meine toten Eltern; bei mir war schon früh eine für sie inakzeptable Witterung für klösterliches Leben. Könnte es sie rühren, dort wo sie jetzt sind, endlich ein Zeichen zu geben?

Sonntagsmesse in der sonst so stillen Kirche. Ein spastisches Kind stößt fortwährend Schreie aus. Kurioserweise passen sie in die Wüstenliturgie, die dem sich von Spinnen ernährenden Täufer im

Kamelhaarfell geweiht ist. 14-jährige Pfadfinder erscheinen mit Wanderschuhen und kurzen Cordhosen. Ihre Anführer tragen die Wimpel der Patrouillen. Sie haben die Nacht in einer der Kloster-scheunen verbracht, doch wirken sie gegenüber den älteren Herr-schaften wie frische Avantgarde. Drängende Frage: Wer wird der Jugend noch den Glauben vermitteln? Sie werden selbst suchen müs-sen und die Quellen schon finden. Vielleicht reinere, tiefere als die so belasteten unsrigen.

Vor der Wandlung ertönt Zitherspiel, zart und intensiv, das auch den behinderten schreienden Jungen beruhigt.

Die Klosterarchitektur in Cîteaux ist ärmlich. Das erst vor einigen Jahren wegen dem schlechten Gewissen der staatlichen Denkmal-schützer renovierte „Gebäude der Kopisten" stammt aus dem 15. Jahrhundert. Der Eifer reichte nicht einmal für das benachbarte Ratsgebäude, das klapprig zwischen den Feldern steht. Einziger Hinweis auf die Zeit der Ursprünge ist ein gestauter Bachlauf, der von Kanälen gespeist die Wasserräder antrieb. Das eigentliche Klostergebäude ist ein massiver Klotz, der das Rechteck eines Kreuzgangs hätte bilden sollen, dann aber, unter anderen politi-schen Machtverhältnissen zu einer Besserungsanstalt für Jugend-liche benutzt wurde. Ähnlich wie in Clairvaux, wo das Herz des christlichen Mittelalters schlug und heute das bestbewachte Ge-fängnis Frankreichs steht, haben die zivilen Nachlassverwalter offenbar zwischen monastischer Klausur und Strafvollzug enge Zusammenhänge vermutet.

In Cîteaux liegen das wenige Alte, das Ältere, das Jüngere und das Neue ganz nahe beieinander. Richtig schön ist das alles nicht, doch wirkt es bescheiden und ehrlich. Wo früher die Abtei stand, weiß der Fremde nicht so genau, doch erhebt sich eine große Statue des heiligen Bernhard zwischen den Bäumen. Das schafft Autorität und auch Schutz. Die Konturen der ersten Klosterkirche sind noch erkennbar und verweisen auf bescheidene Anfänge. Lediglich aus den Archiven weiß man, wie kompromisslos die Regel des heiligen Benedikt hier zwischen Dornen und Disteln interpretiert wurde. Dann war plötzlich die Zeit reif und zog junge Menschen an. Bernhard trat hier mit einem Dutzend Brüder, Vettern und Onkeln ein. Bald darauf war Blütezeit, ein Paradigmenwechsel.

So bewahrt der Ort seine Spannung. Die Kälte ist in den letzten Tagen strenger geworden. Eiskalter Wind geht durch die Nadelhölzer und sie beginnen zu rauschen. Weder Kreuzwegstationen noch Marienstatuen wie sonst in klösterlichen Gärten. Stattdessen nur der Bachlauf, die Mauer, die vom Sturm gebeugten Bäume, darunter alte Platanen mit ihren grün-gelben Flecken in würdevoller Schräge. Man geht durch die Geborgenheit der Hohlwege, sie führen ins Licht, ins Freie. Tunnelerfahrungen sind mythische Lebensabschnitte.

Seit einigen Tagen orientieren sich meine Schritte über die Steinflure des Klosters an einem Christusbild. Wo ansonsten nur das Regime der bilderlosen, weißen Wände herrscht, erhalten solche Szenen enorme Kraft. Bei dem Foto handelt es sich um einen Ausschnitt der „Pietà" von Michelangelo. Alles ist auf das Antlitz des Toten zentriert: ein schöner, junger Mann mit kurzem Bart, dessen Lippen faszinieren. Jedes Mal beim Auf- und Absteigen im Treppenhaus sucht der Blick diesen Mund. Er scheint für immer im Tod geschlossen zu sein, doch spielt darum ein sonderbarer Hauch. Zu wenig, um es ein Lächeln zu nennen – gewiss nicht das eines Siegers. Vielleicht ist es Weltüberwindung, die auf diesen bilderlosen Wegen so berührt. Eine Symbiose von Trost und Schönheit.

Am Abend ist aus Paris eine zierliche Studentin angekommen. Dichtes, schwarzes, im Nacken geflochtenes Haar, Modeschmuck an den Händen. Sie ist noch so jung, dass ich „du" sage, dann schaut sie mich an und antwortet mit „Sie". Schenke ich mir Wein nach, lächelt sie. Als ihr die Fischpastete in der Hand zerbricht, lächele ich zurück. Der Gastpater hat uns Liszt-Etüden aufgelegt, die sie mit ihren dünnen Fingern nachklimpert. Stillleben: Mädchen mit Käse und Äpfeln. Als sie sich erhebt, blickt sie einen Moment hinauf zum Kreuz. Dann trocknen wir das Geschirr ab, das uns der alte Küchenbruder aus dem Spülbecken reicht. Später erfahre ich, dass sie einen Suizidversuch überlebt hat, deshalb die Krücken. Sie hat sich nach der Lektüre eines Buches mit dem Autor, einem jungen Mönch von Cîteaux, angefreundet. Er hat ihr geraten, der Kontemplation nicht Platz zu machen, sondern stattdessen „unseren Platz in ihr zu suchen". Als am Vorabend des Marienfestes der erste Schnee fällt, eilt sie auf den Hof und breitet die Arme aus.

Was nur wenige wissen: Sie steht vor der Entscheidung, selbst in ein Schweigekloster einzutreten. Sie zögert noch aus Furcht vor der süßlichen Tücke einer Frauengemeinschaft. „Ich brauche die Nähe von Männern", sagt sie. Ich antworte, vielleicht fände sich einer unter den Heiligen. Unter den Allerheiligsten, lächelt sie, und umarmt mich zum Abschied, weil ich weiß, wen sie meint.

Als wir mittags das Refektorium betreten, steht ein alter Bruder im Gang. Er heißt Marie-Joseph und trägt eine ärmliche, braune Kutte. Es ist seine tägliche Aufgabe, den Gästen das Essen zu bringen und das Tischgebet zu sprechen. So wartet er draußen, bis alle Platz genommen haben. Seine großen Bauernhände umfassen fast zärtlich die heißen Schüsseln. Seine bloßen Füße stecken in Sandalen. Dann schlägt er ein Kreuzzeichen, liest einige Psalmverse und verschwindet mit einer schmunzelnden Verbeugung.

Marie-Joseph gehört in Cîteaux mit noch drei anderen greisen Brüdern einer aussterbenden Spezies an. Früher nannte man sie „die Konversen", es waren einfache Laienbrüder, die sich auch in ihrem schlichten Habit von den Chormönchen unterschieden. Monastisches Proletariat, ein Relikt aus der Feudalzeit, das sich jedoch in der Ordensstrenge über Jahrhunderte bis zum II. Vatikanischen Konzil gehalten hat. Sie lebten eine rustikalere Form der Berufung, ein franziskanisches Element in den Sperrbezirken der Kontemplation, in der Welt des Schweigens eine Spielart noch größerer Stille. Statt gregorianischer Gesänge, nur Rosenkränze. Statt anspruchsvoller Lektüre, knochenharte Handarbeit. Ihr Platz in der Kirche war der separate Brüderchor, ihr Lieblingsheiliger der heilige Josef, der demütige Dulder, der Zimmermann.

Manche von ihnen führten in abgelegenen Scheunen ein Einsiedlerleben, andere standen im Ruch der Heiligkeit. Vor allem im 20. Jahrhundert wandelten sie sich zu Männern „des inneren Lebens". In den USA gab es unter dem Einfluss des Mönch-Schriftstellers Thomas Merton, im Vorfeld der Hippie-Kultur, eine Bewegung, die junge Intellektuelle veranlasste, als einfache Laienbrüder bei den Trappisten um Einlass zu bitten. Nichts als Wald- und Feldarbeit und als einzige Lektüre die Bibel.

Das Generalkapitel des Ordens hat 1964 im Rahmen der Konzilsreformen den getrennten Brüderzweig abgeschafft. Nur noch eine Klasse der Mönche, nur noch gemeinsame Kleidung. Doch gibt es betagte Brüder, die es nicht übers Herz bringen, sich ihrer alten braunen Kutte zu entledigen. So stehen sie wie Relikte einer vergangenen Zeit in den Chorreihen. Manche verbergen sich gar in Cîteaux hinter den Pfeilern. Nur frühmorgens zur Konventmesse treten sie hervor. Gebückt und gebeugt mit langen Apostelbärten. Strahlende Gesichter, die nach der Kommunion, die ihnen der Priester in den Mund reicht, wieder auf ihre stillen Plätze verschwinden.

So, wie die alten Trappisten in einem gemeinsamen Dormitorium schliefen, sprungbereit, auf etwas Stroh gebettet und in ihrem Habit, so wurden sie auch beerdigt. Über ihre vermeintliche Nachtruhe im Sarg zirkulierten makabre Legenden, deren Missverständnis in der simplen Tatsache gründet, dass in ihren Klöstern Bett- und Grabesruhe identisch waren. Der Tote wird, wie im Schlaf, ohne Sarg, eingehüllt im einfachen Ordenskleid in die Erde gelegt. Der Sarg war allein die wollene Kulle mit den weiten Ärmeln und der spitzen Kapuze. Die Mönche tragen sie im Chor, im Schlaf und im Grab. Ganz umfangen von Christus wollen sie sein.

Letzte Nacht haben die Mönche aus den Meditationen von Wilhelm von Saint-Thierry vorgelesen. Ein heftiger Ton, bereits der erste Satz riss mich aus der Schläfrigkeit: „Du hast mich in die Irre geführt, Herr …" Ungewöhnlich nicht nur die direkte Rede, sondern auch die nicht abreißenden Vorwürfe an die Adresse Gottes: „Du hältst mich gefangen. Du verweigerst mir die Gnade. Du überforderst mich. Du liebst mich nicht mehr …"

Dieser Text ist eine Verzweiflungstat. Schon die Bibel spricht diese heftige Sprache. Jakob ringt am Jabbok mit dem Engel. Hiob zürnt mit dem Heiligen. Paulus traut sich im 2. Korintherbrief an diese Abgründe der Gottesferne heran. Die heiligen Bücher des Mittelalters sind voll solcher Notrufe. In der modernen religiösen Literatur hat Léon Bloy, den in der Belle Époque niemand lesen wollte, ähnlich zu schreiben gewagt: „Ich warte auf die Kosaken und den Heiligen Geist."

Am Ende eines langen Adventtages mache ich eine sonderbare Erfahrung der Zeitlosigkeit. Der Abend hat etwas Wetterleuchtendes. Helle Wolkenfelder, als habe die Nacht um etwas Aufschub gebeten. Windstille, der keine Silbe entgeht. Empfindung eines bescheidenen Glücks: Die Mönche nennen ihre heiligen Vorgänger „Väter". Man möchte mit in diesen väterlichen Schutz treten. Sie beanspruchen kein lebensfernes Heldentum, sondern den Ruf nach Vergebung. Sie sind Vorbilder, nicht in der Größe, sondern in der Schwäche. Ihre

Hoffnung wider alle Hoffnung ist, trotz allem, nichts anderes als vor Gott zu stehen. Es gibt einen Existenzialismus der armen Männer von Cîteaux, die nichts anderes als nur „ausharren" wollen.

Jetzt kommt die Dunkelheit. Zum ersten Mal seit langen Jahren das scheue Gefühl, in dieser Not nicht mehr allein zu sein.

Am Ende der Reise

Das Endgültige hinter dem Vorläufigen

Wenn sich ein Lebensprojekt dem Ende zuneigt, entsteht eine besondere Nachdenklichkeit. In meinem Fall eine bleibende Sehnsucht nach weiteren Klosterreisen und Entdeckungen, nach wechselnden spirituellen Regionen und liturgischen Jahreszeiten, nach der Leichtigkeit französischer Lebensart, nach tiefen Begegnungen mit fremden Menschen. Eine Auswahl spiritueller Orte in Frankreich zu besuchen, war ein starkes Erlebnis. So stark, dass man es nicht vergessen kann und mitnimmt in seine eigene Zukunft, doch auch in die der Kirche und der Kirchen.

Es war gut, die Reisen auf Frankreich zu konzentrieren. Hier lebt das alte Europa mit einem Flair geistiger Freiheit. Die Revolutionäre von 1789 und antiklerikale Mächtige haben von der katholischen Kirche alles hinweggefegt, geplündert oder vereinnahmt, was ihnen opportun erschien. Bisweilen zu Recht, meist in einem blinden Eifer, ohne Rücksicht auf die vertriebenen Menschen, auf geistiges Erbe und künstlerische Werte.

Doch „umgeschlagen lebst du wieder auf", besagt ein Spruch der Benediktinerabtei Monte Cassino. Er gilt auch für die sogenannte „älteste Tochter der Kirche", deren Heilige von Irenäus von Lyon und Johanna von Orléans bis zum armen Pfarrer von Ars und Charles de Foucauld reichen. Wehrlose Karmelitinnen stiegen singend aufs Schafott. Zisterzienser wurden bis in die Weiten Russlands vertrieben, doch kehrten sie mit Abt de Lestrange in einer unglaublichen Odyssee nach La Trappe zurück. Auf den Ruinen von Lérins und Le Thoronet erhoben sich wieder Klöster.

In Taizé entstand ein neuralgischer Ort, dessen Mittelpunkt für Hunderttausende Jugendlicher der auferstandene Christus ist, nahe der mittelalterlichen Abtei Cluny. In Paris und Straßburg gründeten sich Gemeinschaften mitten in der Stadt. Das Eremitentum lebte neu auf. Die französischen Trappisten von Tibhirine, die nur „Beter unter Betern" sein wollten, opferten ihr Leben für ihre muslimischen Brüder. Der Film „Von Menschen und Göttern", der ihre Geschichte erzählt, hat weltweit Millionen von Menschen fasziniert. Bereits zuvor hatten die Filme „Therese" über das Leben der hl. Therese vom Kinde Jesu und „Die große Stille" über das Leben der Mönche in der Grande Chartreuse starke Beachtung gefunden.

Benedikt XVI. hat 2008 bei seinem Besuch in Frankreich vor Intellektuellen und Künstlern im Pariser Collège des Bernardins das Wesen des Mönchtums in den Mittelpunkt seiner Rede gestellt. Es hat viele überrascht und berührt. Da ging es um den alten lateinischen Begriff des „Quaerere Deum", des Gottsuchens: „Sie suchen das Endgültige hinter dem Vorläufigen." Worte von zeitloser Bedeutung, die sich nicht auf die französischen Verhältnisse beschränkten, sondern eine europäische Dimension hatten.

Sich in abgelegenen Klöstern auf die Spur von Gottsuchern zu begeben, war ein Abenteuer. Man kommt als Fremder und macht die Erfahrung, dass man gleich angenommen und aufgehoben ist. In Solesmes bei der Begrüßung durch den Abt die Hände gewaschen zu bekommen, ist mehr als ein Ritual. In der Kartäuser-Zelle von La Verne einen frischen Mimosenzweig zu finden, berührt das Herz. In Igny einer jungen Schwester in Gesprächen zu begegnen, öffnet den Horizont. Man betritt eine Architektur, die aus der Vergangenheit stammt, und doch einen aufgeschlossenen Geist beherbergt. Man trifft Männer und Frauen in einem mittelalterlichen Habit, die gebildet und bestens informiert sind. Kein einziges Mal bin ich auf Ablehnung oder Gleichgültigkeit gestoßen.

Überall herrschte eine wohltuende Frische und Freude, die gleich eine Atmosphäre gegenseitigen Verständnisses entstehen ließ.

Das herausragende Erlebnis war jedoch, Gottsuchern und Gottsucherinnen gegenüberzustehen. Ein Sprechen über Gott zu vernehmen, das aus dem tiefen Fundus persönlicher Erfahrung schöpft, und das sich die westliche Gesellschaft, selbst innerhalb der Kirche, kaum noch zutraut. Antworten auf alle Fragen, jedoch auf eine enthüllende Weise, die spirituelle Fundamente freilegt. Ein Wissen um den geistlichen Reichtum, der die Oberflächlichkeit unserer Zeit aufdeckt. Die verschwiegene Einladung, in diese Glaubenswelt einzutreten und sich von ihr berühren zu lassen.

Deshalb waren die Liturgien und Stundengebete die stärksten Momente dieser Klosterreise. Tag und Nacht stehen die Gott Suchenden im Zentrum ihrer Berufung. Das Beten als „einzig Notwendiges" ist ihre „Arbeit". Daraus schöpfen sie alle Kraft. In der Gegenwart Gottes zu leben, ist ihre Sehnsucht. Nichts anderes, als dahin unterwegs zu sein. In Einsamkeit und Stille für das Heil der Welt. Die Worte des Wüstenvaters Evagrius Ponticus haben sie sich zu eigen gemacht: „Von allen getrennt, mit allen verbunden."

Hinzu kommen Gesten oder Worte, die einem Leben der Demut und Großzügigkeit entspringen. Unerwartetes und Unverhofftes, eine Sensibilität der Selbstlosigkeit, eine Form von Liebe, die Alltäglichkeiten mit einschließt. Ein Schluck Wein zum Essen, ein Zettel unter der Türe, eine Kerze vor der Marienikone, ein Augenzwinkern, ein Händedruck, eine Umarmung. Ich bin anders zurückgekommen, als ich aufgebrochen war.

Da sind kleine kennzeichnende Details, die bleiben werden. Die strahlenden Augen des Gastpaters in Sénanque. Die glühende Abendsonne an der Küste von Lérins. Die Abtei Jouques im

Schatten der Sainte Victoire. Die Glöckner vor der Vesper in Le Barroux. Pater Mesnard im Eiswind von Solesmes. Die gütigen Augen von Schwester Lamberta in Baumgarten. Die Hände der Organistin von Igny. Die kniende Gemeinschaft von Vézelay. Die Nachtvigil in La Pierre-qui-Vire. Hingeschmissen auf dem Boden die jungen Nonnen von La Verne. Die Allerseelen-Gesänge in La Trappe. Düsenjets über der Stille von Cîteaux.

Auch das bringe ich mit: Träume und Gedanken auf einigen Tausend Autobahn-Kilometern. Impressionen von Frühlingserwachen und nahendem Winter. Etwas Sonne auf den Mauern von Avignon. Ankunft in Cannes, plötzlich das Mittelmeer. Das Elsass im Sturm.

Die Normandie, so dunkel als drohten die Normannen. Zwischen Dijon und Beaune die besten Weinlagen von Burgund.

Auf den Hinfahrten Ungeduld und spannende Erwartung, wieder zurück die Erinnerungen an Gespräche und Gebete. Auch an schmerzliches Alleinsein, wie oben in La Verne, wo ich mir die Lektüre der Johannes-Passion zutraute. In dramatischer Kürze Gedanken über die Todesstunde. Kein Schrei in der Gottverlassenheit. Der Evangelist berichtet über das Geschehen in solch dichten Bildern, als würde es heute jemand mit einer Videokamera aufnehmen und mir vorführen: drei Frauen am Kreuz. Nikodemus und Josef von Arimathäa, die späten Freunde. Nichts als authentische Fakten. Die Lektüre der Passionsgeschichte macht mir mein eigenes Leben wieder klarer. So rettet man sich in der Krise.

Und dann auf der Fahrt von einem ins andere Kloster lange Abende in Dorfgasthöfen. Die Männer an den Theken aus Zink, randvolle Weingläser, Fernsehnachrichten lärmen dazwischen, Champions League. Die Welt der Kontemplativen ist weit weg. Bestenfalls ein Schnäpschen aus dem Klosterkeller.

Obendrein herrschte während meiner Reisen eine Zeit kirchlicher Unruhe: Vatileaks, verdächtige Kardinäle, Geheimberichte. Papst Benedikts Rücktritt traf mich tief. In den Klöstern weinten die Nonnen ihm Tränen nach. Das anschließende Konklave war ein nicht zu überbietender Krimi. Dann Rauch über der Sixtina. Papst Franziskus sagt „Buona sera", die Welt horcht auf, die Kirche lebt wieder.

„Die Welt der Kirche ist die Welt der Spiritualität", hat er einige Tage später verkündet. In den Klöstern, wo nichts anderes als Gottsuche geschieht, hat man sofort verstanden. Die geistliche Welt ist groß und tief, sie schließt das Leben selbst des ärmsten Menschen mit ein. Unser Leben kann im Glauben Glück, Erfüllung und Frieden finden. Klöster sind Orte der Verwandlung und des Neubeginns. Auch wenn man sie nur für einige Tage aufsucht, bringen sie einen anderen Klang in das Leben. Das habe ich wieder und wieder selbst erfahren. Als von Gott Entfernter, als Gott Vergessender oder Ignorierender kann ich auf der Suche nach ihm wieder neue Wege der Annäherung finden. Selten begegnet man für jedes Zeichen der Nähe dankbareren Menschen als in den Gasthäusern der Klöster. Da ist sofort eine Solidarität zwischen „fremden Freunden", die hier das Gleiche, mehr noch, „den" Gleichen suchen. Dann wird die Verschiedenheit der geistlichen Zugänge heimlich zu einer entscheidenden Gemeinsamkeit. Ob gregorianische Hymnen oder hebräische Psalmen, ob das große Schweigen oder die gemeinsame Feier der Eucharistie: Alles sind Zeichen der Gottsuche. Warten, ausharren, in seinen Schatten treten. Christus allein: „Komm, lass dein Angesicht über uns leuchten!"

Abteikirche mit Apsis in Sénanque

Im Kreuzgang von Sénanque:
Ein Ort der Sammlung

Bruder Jean im Garten der Abtei

Die elsässischen Weinberge reichen bis dicht an die Abtei Baumgarten.

Das Gästehaus in Baumgarten, Hunderte Besucher kommen jährlich.

Das Skriptorium, Studien- und Arbeitsplatz der Schwestern.

Kapitel-Versammlung der Trappistinnen.

Vézelay, Pilgerort auf dem Hügel.
Hier predigte der heilige Bernhard.

Meisterlich: Die Basilika Ste. Madeleine in Vézelay.

Messfeier der Männer- und Frauen-Gemeinschaften.

Ein Ort stillen Gebetes: Kreuz in der Krypta.

Filigrane Kunst:
Kerzenmalerin in der Benediktinerinnen-Abtei Jouques

Bildnachweis

Seite 14   © Abbaye Notre-Dame de Sénanque, Gordes
Seite 36   © Abbaye Notre-Dame de Fidélité, Jouques
Seite 70   © Abbaye Notre-Dame de Baumgarten, Bernardvillé
Seite 82   © france-voyage.com
Seite 94   © Jean-Christophe Benoist (Wikimedia Commons, Creative Commons Lizenz)
Seite 106   © Patrick89 (Wikimedia Commons, Creative Commons Lizenz)
Seite 130   © Père Igor (Wikimedia Commons, Creative Commons Lizenz)
Seite 142   © Patrice Josserand, imagesdebourgogne@orange.fr
Seite 26, 48, 58, 118   © shutterstock.com

Farbteil:
Seite 161–164, 166   © Abbaye Notre-Dame de Sénanque, Gordes
Seite 165, 167   © Abbaye Notre-Dame de Sénanque, Gordes, Foto: Francis Manguy
Seite 168–171   © Abbaye Notre-Dame de Baumgarten, Bernardvillé
Seite 172/173   © shutterstock.com
Seite 174   © Jean-Christophe Benoist (Wikimedia Commons, Creative Commons Lizenz)
Seite 175   © Communauté de Jerusalem de Vézelay, Vézelay
Seite 176   © Abbaye Notre-Dame de Fidélité, Jouques

Wir danken allen für die freundlicherweise erteilten Abdruckgenehmigungen.

Die Klöster

Abbaye Notre-Dame de Sénanque
Zisterzienser
F-84220 GORDES
Tel. 00 33 (0)4 90 72 17 92
E-Mail: frere.hotelier@senanque.fr
www.abbayedesenanque.com
Die romanische Kirche kann besichtigt werden. Klosterladen mit Büchern und Abteiprodukten. Einkehrtage im Gästeflügel nur nach vorheriger Anmeldung.

Abbaye Notre-Dame de Lérins
Zisterzienser
Île St Honorat CS10040
F-06414 CANNES
Tel. 00 33 (0) 492 99 54 20
E-Mail: hotellerie@abbayedelerins.com
www.abbayedelerins.com
Die Kirche ist offen, Stille geboten. Klosterladen mit Büchern, Abteiprodukten, eigenem Rotwein, Devotionalien. Aufenthalt im Gästehaus für Männer und Frauen nach Anmeldung.

Abbaye Notre-Dame de Fidélité
Benediktinerinnen
F-13490 JOUQUES
Tel. 00 33 (0)4 42 57 80 17
E-Mail: contact@abbayedejouques.org
Die Kirche ist offen. Klosterladen mit Büchern, regionalen Produkten und Kunstgegenständen. Aufenthalt im Gästehaus für Männer und Frauen nach Anmeldung.

Abbaye Sainte-Madeleine
Benediktiner
F-84330 LE BARROUX
Tel. 00 33 (0)4 90 62 56 31
E-Mail: contact@barroux.org
www.barroux.org
Die Kirche ist offen, doch Stille und entsprechende Kleidung sind
gefordert. Großer Klosterladen mit reichem Angebot an Büchern
und Abteiprodukten, vor allem Olivenöl. Besuch nach Anmeldung.

Abbaye Saint-Pierre de Solesmes
Benediktiner
1, place Dom Guéranger
F-72300 SOLESMES
Tel. 00 33 (0)2 43 95 03 08
E-Mail: hospes@solesmes.com
www.abbayedesolesmes.fr
Die Kirche ist offen, dezente Kleidung gefordert. Klosterladen mit
Büchern, Poster und Abteiprodukten, Besuch nach Anmeldung

Abbaye Notre-Dame de Baumgarten
Trappistinnen
Chemin de Compostelle
F-67140 BERNARDVILLÉ
Tel. 00 33 (0)3 88 57 86 55
Kein E-Mail-Kontakt möglich.
www.abbaye-baumgarten.fr
Kirche von außen erreichbar, kleiner Klosterladen,
Aufenthalt für Männer und Frauen nach Anmeldung.

Abbaye du Val d'Igny
Benediktinerinnen
F-51170 ARCIS LE PONSART
Tel. 00 33 (0)3 26 48 98 98
E-Mail: hoteliere.igny@orange.fr
www.abbaye-igny.fr
Die Kirche ist offen. Aufenthalt im Gästehaus für Männer und
Frauen nach Anmeldung.

Communauté de Jérusalem de Vézelay
Gemeinschaft von Jerusalem
Place du cloître
F-89450 VÉZELAY
Tel. 00 33 (0)3 86 32 36 12
E-Mail: contact@jerusalem.cef.fr
www.jerusalem.cef.fr
Die sehenswerte Basilika ist offen. Großer Klosterladen
mit Büchern und regionalen Produkten. Aufenthalt in den
Gästehäusern nach Anmeldung.

Abbaye Sainte Marie de La Pierre-qui-Vire
Benediktiner
F-89630 ST LÉGER-VAUBAN
Tel. 00 33 (0)3 86 33 19 20
E-Mmail: accueil@apqv.fr
www.apqv.fr
Die Kirche ist offen. Großer Klosterladen mit umfangreicher
Buchauswahl und Abteiprodukten. Gästehaus für Männer und
Frauen nach Anmeldung.

La Verne – Monastère Notre-Dame de Clémence
Schwestern von Bethlehem, der Himmelfahrt Mariens und des hl. Bruno
F-83610 COLLOBRIÈRES
Tel. 00 33 (0)4 94 43 48 28
www.bethleem.org
Besichtigung der ehemaligen Kartause außer montags möglich.
Besuche im Gästehaus nur nach schriftlicher Anmeldung.

Abbaye de La Trappe
Trappisten
F-61380 SOLIGNY-LA-TRAPPE
Tel. 00 33 (0)2 33 84 17 00
www.latrappe.fr
Der Gastpater ist nur zwischen 17 und 18 Uhr erreichbar:
Tel. 00 33 (0)2 33 84 17 05
Die Kirche ist offen. Klosterladen mit Büchern, Musik-CDs und
Produkten aus französischen und belgischen *Trappisten*klöstern.

Abbaye Notre-Dame de Cîteaux
Trappisten
F-21700 SAINT-NICOLAS-LÈS-CÎTEAUX
Tel. Gastpater : 00 33 (0)3 80 61 11 53
E-Mail: monastere@citeaux-abbaye.com
www.citeaux-abbaye.com
Die Kirche ist offen. Klosterladen und Abteimuseum, Führungen.
Aufenthalt im Gästehaus nach Anmeldung.

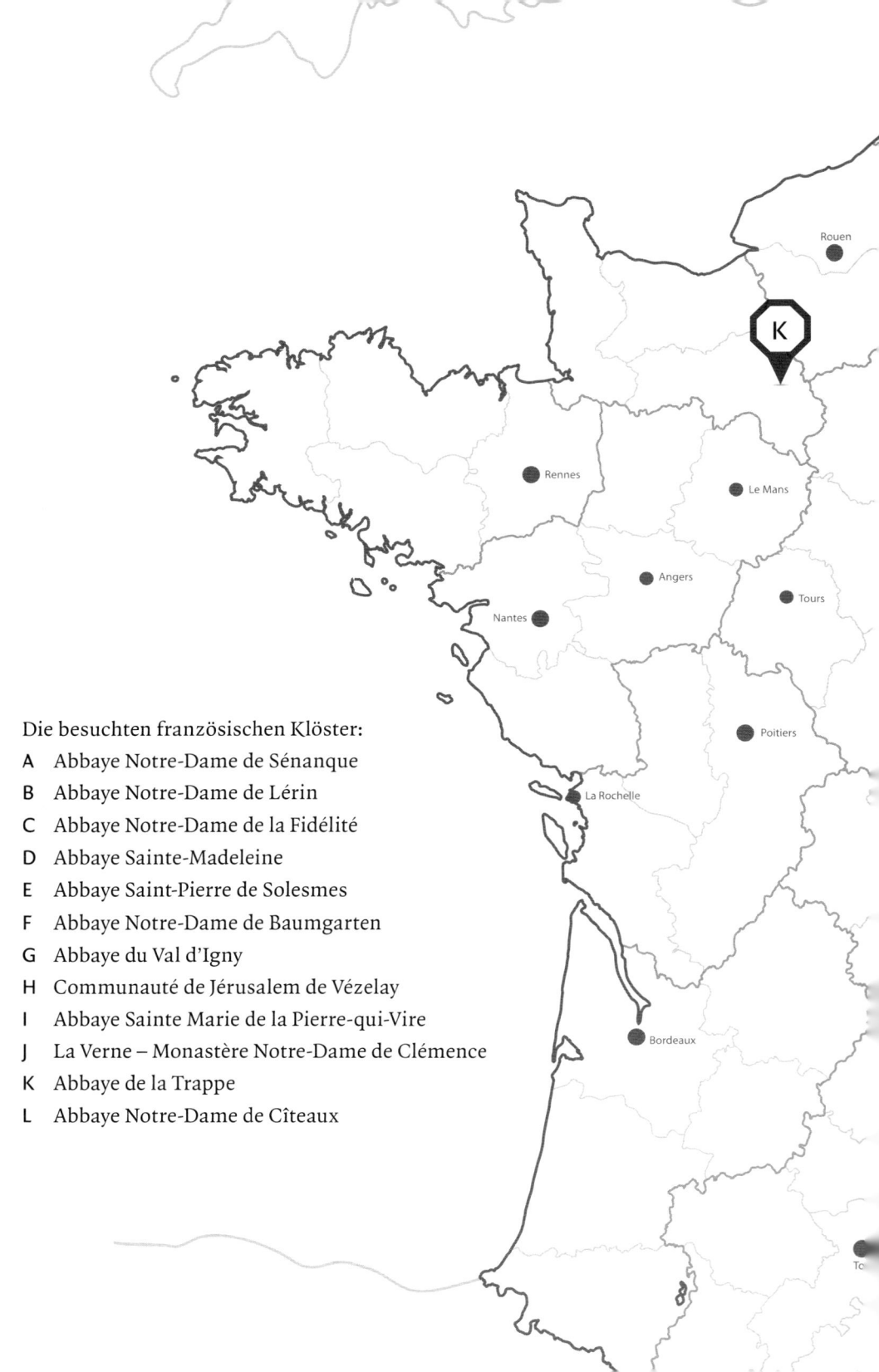

Die besuchten französichen Klöster:

A   Abbaye Notre-Dame de Sénanque
B   Abbaye Notre-Dame de Lérin
C   Abbaye Notre-Dame de la Fidélité
D   Abbaye Sainte-Madeleine
E   Abbaye Saint-Pierre de Solesmes
F   Abbaye Notre-Dame de Baumgarten
G   Abbaye du Val d'Igny
H   Communauté de Jérusalem de Vézelay
I   Abbaye Sainte Marie de la Pierre-qui-Vire
J   La Verne – Monastère Notre-Dame de Clémence
K   Abbaye de la Trappe
L   Abbaye Notre-Dame de Cîteaux

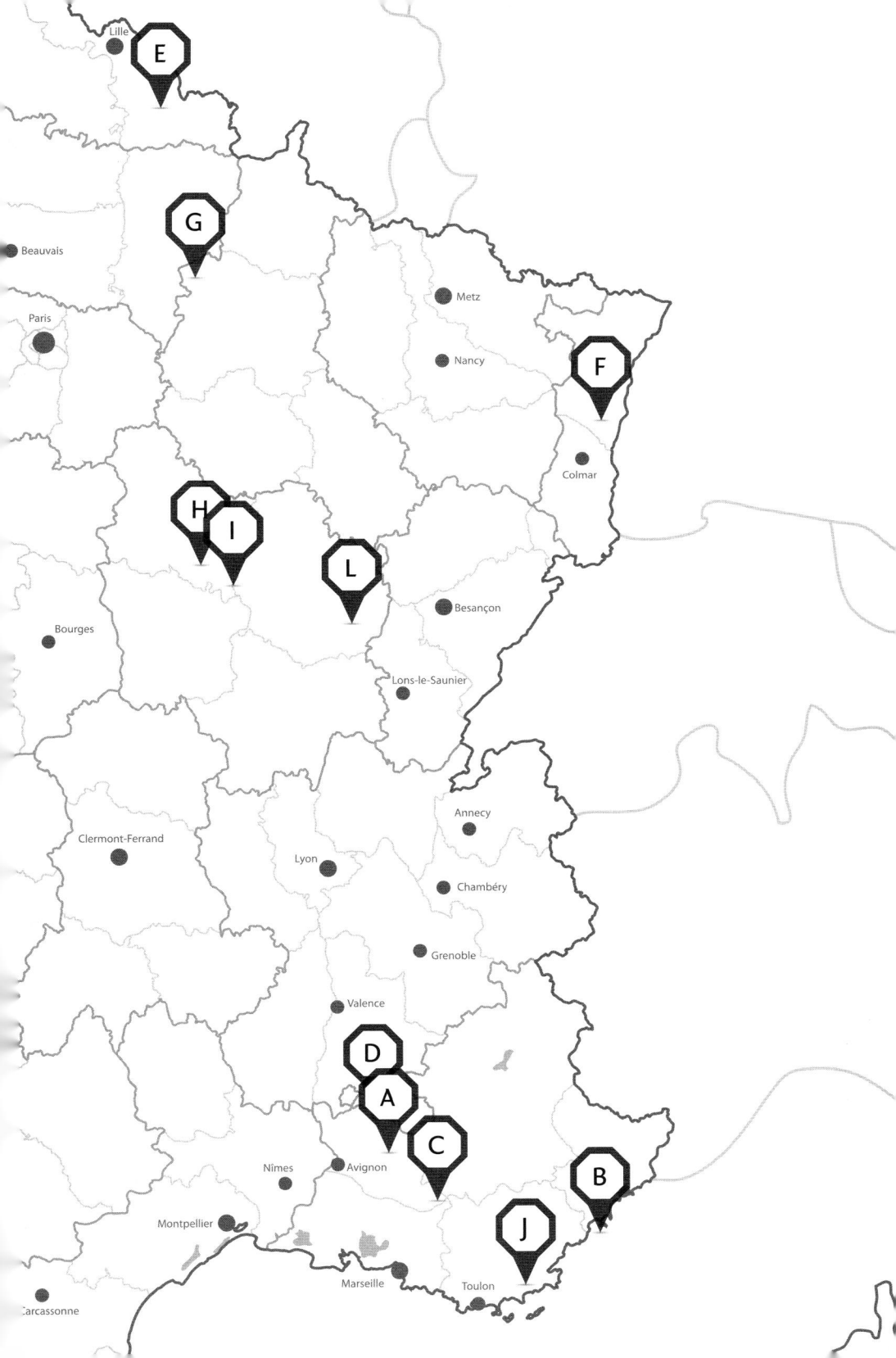

Die Orden

Benediktiner

Ordo Sancti Benedicti (OSB). Im 6. Jahrhundert gegründeter Orden, der nach der Regel des hl. Benedikt von Nursia lebt. Bis zum 13. Jahrhundert einziger abendländischer Orden. Starker Einfluss im Mittelalter durch die burgundische Abtei Cluny. Besondere Wirkung in Bildung, Schulen, Landwirtschaft und Handwerk. An der Wende zum 20. Jahrhundert führend in der Liturgischen Bewegung und Ökumene. Die internationalen Kongregationen sind zusammengeschlossen in der Vereinigung der Benediktiner unter dem Abt-Primas in der Abtei San Anselmo in Rom.

Dominikaner

Ordo fratrum Praedicatorum (OP). Predigerorden, 1215 durch den hl. Dominikus gegründet. Zählt zu den Bettelorden, hat eine besondere Ausrichtung in den Bereichen Seelsorge, Bildung und Schrifttum. Die Ordensmitglieder zeichnen sich meist durch eine hervorragende wissenschaftliche Ausbildung aus. Große Gelehrte des Domenikanerordens waren im Mittelalter Albertus Magnus und Thomas von Aquin. Hauptsitz im Kloster Santa Sabina in Rom.

Karmeliten

Bettelorden, der vom Berge Karmel ausgeht und zunächst nur aus Einsiedlern bestand. Rasche Ausbreitung im 13. Jahrhundert in Europa. Neben kontemplativen Gemeinschaften auch solche, die in Seelsorge und Bildung tätig waren. Wichtige Reform durch Therese von Avila und Johannes vom Kreuz, die 1593 zur Trennung in zwei Orden der einfachen und der strengen Observanz führte.

Trappisten

Orden der Zisterzienser von der strengen Observanz (OCSO). Nach dem 1664 durch Armand de Rancé gegründeten Reformkloster La Trappe in der Normandie benannt. Kontemplation, Schweigen, Nachtwachen, Studium und Arbeit stehen im Mittelpunkt. Einziges Trappistenkloster in Deutschland ist Mariawald (Eifel). Trappistinnenklöster in Deutschland sind Maria Frieden in Dalhem (Eifel) und Gethsemani (Dannenberg).

Zisterzienser

Sacer Ordo Cisterciensis (SOCist). Nach dem Kloster Cîteaux in Burgund benannter Reformorden der Benediktiner. Wurde 1098 von Robert von Molesmes gegründet und fand unter Bernhard von Clairvaux weite Verbreitung in ganz Europa. Neben kontemplativem Leben auch Tätigkeiten in Seelsorge und Unterricht.

Glossar

Agonie	Sterbestunde
Amphore	Antiker Krug für Öl, Wein oder Wasser
Apostolischer Nuntius	Diplomatischer Vertreter des Hl. Stuhls, meistens Doyen des Diplomatischen Corps
Apsis	Den Kirchenraum abschließender, mit einer Halbkuppel überwölbter Raum, der in der Regel halbkreisförmig, seltener eckig ist.
Arkade	Einseitig offener Bogengang
Arte povera	Meist italienische, bewusst unästhetische Objektkunst (1960 – 1980)
Basilika	Ehrentitel für Langhauskirchen
Cellerar/in	Klosterverantwortlicher für Wirtschaft und Finanzen
Confessio	Vorraum eines Märtyrergrabes unter dem Altar frühchristlicher Kirchen
Eucharistie	Danksagung, Sakrament des Abendmahls, Mittelpunkt der hl. Messe
Exerzitien	Einkehrtage
Exhumierung	Ausgrabung einer Leiche
Exorzist	Teufelsaustreiber
Habit	Klösterliche Kleidung
Hochgebet	Gebet vor und nach der Wandlung in der hl. Messe
Hostie	Zum Leib Christi verwandelte Oblate
Ikone	Kultbild der orthodoxen Kirche
Ikonostase	Dreitürige Bilderwand in orthodoxen Kirchen
kanonisch	Nach kirchlichem Recht

Kapitel	Vollversammlung einer Klostergemeinschaft
Kapitell	Oberer Abschluss einer Säule, eines Pfeilers
Kartause	Name der Kartäuserklöster
Kenosis	(κένωσις, griechisch: Leerwerden, Entäußerung) Bezeichnet den Verzicht Jesu auf göttliche Attribute bei der Menschwerdung, aber auch die „Leerwerdung" des Gläubigen für den Empfang der göttlichen Gnade.
Keuschheit	Schamgefühl, Zurückhaltung oder Enthaltsamkeit gegenüber dem Sexuellen
Klausur	Abgeschlossener Teil oder Raum eines Klosters, der den Ordensmitgliedern zum Rückzug und zur Besinnung dient.
Klerikal	Kirchlich
Komplet	Nachtgebet der Kirche
Kongregation	Vatikanisches Ministerium
Kontemplation	Versenkung, innere Betrachtung
Krypta	Unterkirche
Kukulle	Weites klösterliches Gewand bei den Stundengebeten
Laudes	Stundengebet in der Frühe
Lectio Divina	Geistliche Lesung, meist im Morgengrauen
Lektor recto tono	In gleichmäßigem Ton
Litanei	Im Wechsel gesungenes Fürbitten- und Anrufungsgebet
Liturgie	Gottesdienst

Matutin	Stundengebete am frühen Morgen
Maure	Araber in Spanien und Marokko
Mäzen	Vermögender Gönner für Künstler, Literaten oder Sportler
Monstranz	Gefäß mit Hostie zur Anbetung, auf dem Altar oder in Prozessionen
Mozaraber	ehemals unter arabischer Herschafft stehende spanische Christen
Mysterium	Geheimnis
Novize	Klosterbewerber in zwei- bis dreijähriger Einführungszeit
Novizenmeister	Verantwortlich für die Ausbildung der Novizen
Noviziat	Wohn- und Ausbildungsraum der Novizen oder Noviziatszeit
Observanz	Anwendungsform der Klosterregel
Offizium	Gotteslob, Opus Dei, Gesamtheit der Stundengebete
Ornat	Festliche Kleidung bei Gottesdiensten
Parusie	Wiederkehr des Herrn
Patene	Flacher Goldteller für Hostien
Postulant	Kandidat für das Klosterleben
Primiz	Erste Messe eines Neupriesters in seiner Heimatpfarrei
Profess	Ablegen der (Ordens-)Gelübde
Prozession	Feierlicher kirchlicher Umgang
Refektorium	Speisesaal
Reliquien	Körperliche Überreste oder Andenken von Heiligen

Sakrament	Von Jesus Christus eingesetzte, sinnlich wahrnehmbare Handlung zur Gnadenübermittlung
Schisma	Kirchentrennung
Skriptorium	Lese- und Studiersaal
Soutane	Priestergewand
Statut	Satzung
Stele	Frei stehende Säule mit Relief oder Inschrift
Tabernakel	Kunstvolles Gehäuse zur Aufbewahrung der Hostien
Verklärung	Erscheinung im mystischen Lichtglanz
Vesper	Stundengebet am Abend
Vigil	Nachtwache

Über den Autor
Freddy Derwahl

arbeitete als Journalist für eine deutsche Tageszeitung, anschließend für das Belgische Rundfunk- und Fernsehzentrum. Er ist
Mitglied des PEN-Clubs und wurde mit einer Reihe von Literatur-
und Filmpreisen ausgezeichnet. Seit 2007 ist er freier Schriftsteller. Er publizierte u. a. in der „Frankfurter Allgemeinen Zeitung"
und in „DIE ZEIT". Zuletzt erschien im adeo-Verlag sein Buch „Der
letzte Mönch von Tibhirine".

Verlagsgruppe Random House FSC-DEU-0100
Das für dieses Buch verwendete FSC®-zertifizierte Papier Arctic Volume White
liefert Arctic Paper Grycksbo, Schweden.

1. Auflage September 2013
Bestell-Nr. 814203
ISBN 978-3-942208-03-1

Korrektur: Dr. Ulrike Kloos
Umschlaggestaltung: Gute Botschafter GmbH, Haltern am See
Innengestaltung und Satz: Daniel Eschner
Druck und Verarbeitung: Print Consult GmbH, München